KB097869

오십에 읽는 장자

오십에 읽는 장자

莊子

복잡한 마음이
홀가분해지는 시간

김범준 지음

유노
북스

장자를 읽고
오십의 여유를
되찾다

저는 마흔을 갓 넘길 즈음에는 무서울 것이 없었습니다. 세상에 맞서려는 마음이 강할 때였지요. 돌진하는 마차를 향해 앞다리를 들고 겨뤄 보려는 사마귀처럼 어리석기도 했습니다. 마흔 즈음 장자와 처음 만났지만 아쉽게도 그때는 장자가 들려주는 이야기를 마음에서 튕겨 내 버렸습니다.

그리고 10년이 흘렀습니다. 오십이 되어 읽자 마음 한구석이 쿵 하고 내려앉은 이야기가 있습니다. 《장자》 외편 중 〈산목(山

木)〉에 실린 '빈 배' 이야기입니다.

어떤 사람이 배를 타고 강을 건너는데 빈 배가 와서 그의 배에 부딪힙니다. 그가 성격이 어떨지라도 화를 내는 일은 없습니다. 그러나 그 배에 단 한 사람이라도 타고 있다면 그 사람에게 피하라고 물러가라고 소리칠 것입니다. 한 번 소리쳐서 듣지 못하면 두 번이라도 다시 소리칠 것이고 그것도 듣지 못하면 세 번째 큰소리를 지르다가 결국 욕설을 퍼붓기 시작할 것입니다.

앞서는 성내지 않다가 지금 성내는 것은 앞의 배는 빈 배였지만 지금은 사람이 타고 있기 때문입니다. 그러니 사람이 스스로 자기를 텅 비우고 세상을 산다면 도대체 그 무엇이 그에게 해를 끼칠 수 있겠습니까.

方舟而濟於河(방주이제어하) 有虛船(유허선) 來觸舟(래촉주) 雖有偏心之人不怒(수유편심지인불노) 有一人在其上(유일인재기상) 則呼張歙之(즉호장흡지) 一呼而不聞(일호이불문) 再呼而不聞(재호이불문) 於是三呼邪(어시삼호야) 則必以惡聲隨之(즉필이오성수지) 向也不怒而今也怒(향야불노이

금야노) 向也虛而今也實(향야허이금야실) 人能虛己以遊世(인
능허기이유세) 其孰能害之(기숙능해지)

나이 오십이 되자 난시에 노안까지 덮쳐 가까운 곳도 보기가
힘들어졌습니다. 계단을 오를 때면 무릎이 편치 않고 염색하는
주기는 석 달에서 두 달, 한 달로 짧아져 갔지요. 한번은 어깨
가 아파서 병원에 갔더니 오십견이라는 진단까지 받게 되었습
니다.

몸만 고장이 난 줄 알았지만 마음 역시 마찬가지였습니다.
잘 살아 보고자 했던 다짐이 근심과 걱정을 만들고 이것이 마
음에 쌓여 갔습니다. 이 나이에 생긴 우울감과 불안함은 어떻
게 해소해야 할지 막막합니다. 물 먹은 솜처럼 몸은 처지고 수
면도 편치가 않아 매일 밤 악전고투를 합니다. 닳고 닳은 영혼
이 이제는 한계라고 소리치는 것 같습니다.

인생은 나와 다른 타인과 함께해야 함에도 내가 타인을 지배
한다고 생각하면서 일상은 조급해졌고 평화와 멀어졌습니다.
소유가 인생에 있어 최우선 순위가 되니 집착이 심해졌습니다.
이 집착 때문에 저는 제 영혼을 스스로 통제하기가 힘들어졌습
니다.

이때 장자를 다시 만났습니다. 장자는 그 모습 그대로 저를 기다리고 있더군요. 오십이 넘어 만난 장자는 마침 근심과 걱정이 가득했던 저에게 세상을 빈 배처럼 바라보라고, 더 나아가 나 자신이 먼저 빈 배가 되어 보라고 말했습니다. 쓸데없는 자존심을 버리고 불필요한 일에 고통받지 말라면서 말입니다.

마흔에서 오십까지는 인간이 성숙을 완성해야 하는 중요한 시기입니다. 그러나 정작 소중한 저 자신은 돌보지 못했습니다. 스스로를 있는 그대로 바라보지 못한 채 무엇에든 얽매이기 바빴고, 때로는 실체를 알 수 없는 그림자와 싸우느라 몸과 마음을 소진하고 말았습니다. 세상이 빈 배처럼 보이지 않으면 나 자신이 빈 배가 되면 되는데 그럴 여유가 없었습니다. 집착하는 마음을 버리지 못해서 돌아오는 해(害)와 악(惡)에 속수무책일 수밖에 없었지요.

오십 그리고 그 이후의 소중한 시간은 무언가에 얽매이거나 초조해하며 살고 싶지 않았습니다. 자유로운 영혼이 되기를 바라며 평화로운 일상을 꿈꾸고 싶습니다. 그래서 다시 장자를 만났습니다. 철학자의 임무는 저와 같은 평범한 사람의 정신적 배고픔을 해결하는 것이라는데, 장자가 오십이 된 우리를 위해 그 역할을 잘해 주리라 믿었으니까요.

오십 이후에는 규율, 논리, 부와 명예를 강요하는 가르침보다는 만물의 순리를 생각하며 자연에서 소요하기를 권하는 장자의 철학이 더욱 필요하다는 생각이 듭니다. 근심과 걱정에 얽매이지 않고 홀로 서기 위해서, 과하지도 부족하지도 않도록 삶의 균형을 찾고 싶어서, 치열하게 살아왔으나 정작 사랑하는 나 자신에게는 중독되지 못하고 인생을 방관하는 모습과 결별하고 싶어서 장자를 읽게 되었습니다. 수많은 시간 동안 나보다 내가 아닌 것에 더 많은 신경을 쓰느라 들여다보지 못했던 오십을 위해 장자가 전해 주는 여유와 기쁨을 함께 나누고자 합니다.

장자는 기원전 300년 무렵, 중국 전국 시대 송(宋)나라 출신의 철학자입니다. 2,500년 전의 철학자를 지금의 시대에 소환하여 도움을 얻고자 하는 이유는 무위자연(無爲自然)의 위대한 아름다움을 관조하는 법을 배울 수 있으며 소요유(逍遙遊)의 지극한 자유를 누리는 법을 깨달을 수 있기 때문입니다. 이 책을 읽을 동안만큼은 책임과 부담에서 벗어나기를 바랍니다. 생성과 소멸, 삶과 죽음을 동일시하는 장자의 자유로운 사상을 통해 그동안 잊고 지냈던 삶의 가치를 탐구하는 시간이 되었으면 좋겠습니다.

《장자》는 내편(內篇), 외편(外篇) 그리고 잡편(雜篇)으로 나뉘어 있습니다. 거대 담론처럼 보이는 추상적인 이야기도 있으나 대부분 어른을 위한 동화처럼 구체적이고 재미있습니다. 이 책에서는 장자가 직접 저술했다고 전해 내려오는 '내편'을 통해 오십에는 어떻게 살아야 마음이 홀가분해질 것인가에 대한 힌트를 얻고자 합니다. 그동안 다가오지 않은 미래를 불안해하고 분투하며 살아왔다면 이제《장자》를 통해 매일매일을 즐길 수 있는 여유를 가져 보면 어떻겠습니까?

장자의 따뜻한 조언이 일상의 여유가 되기를 기대하며

김범준

들어가며   장자를 읽고 오십의 여유를 되찾다   004

1장   욕심 대신 자유

오십,
지금까지 잘 왔다

언제까지 이름에 얽매여 자신을 괴롭힐 것인가   017

쓸모와 책임을 내려놓을 용기   026

평범한 하루를 지옥으로 만드는 시시비비의 덫   037

중간만 지키면 만사가 평화롭다   046

마음은 맑고 기운은 넓어야 한다   053

2장 후회 대신 준비

나를 잃고 나서야
비로소 나를 찾는다

오십부터는 과거의 나를 버려야 한다   065

선불리 판단하지 않을 때 저절로 얻게 되는 것들   074

볼 필요가 없는 것은 보지 않는다   083

대단한 일을 하는 것보다 몹쓸 짓을 하지 않는 것이 낫다   092

후배, 약자, 자식에게서 배울 점을 찾는다   100

모른다고 말할 수 있는 사람은 지혜롭다   110

그냥 내버려 두지를 못해서 벌어진 대참사   117

3장   외로움 대신 성찰

혼자 됨을
두려워하지 않으려면

우리는 모두 성인이 될 수 있다   127

성인군자도 물고기에게는 한낱 성가신 존재일 뿐이다   133

나이 오십이 되면 자신의 지혜에 책임을 져야 한다   141

이름을 알리고자 하는 욕망이 덕을 흔들리게 만든다   148

들어 주면 말하되 안 들어 준다고 상심하지 않는다   156

고치지도 권하지도 나서지도 말라   163

화려한 불꽃을 피웠다면 아름답게 시들 용기도 필요하다   172

4장   공허함 대신 배움

다가오는 날들을
잘 시작하는 법

모든 일에는 때가 있다   183

옳고 그름을 판단하는 데 에너지를 낭비하지 말 것   190

좋은 말도 지나치면 거짓말이 된다   197

존경받는 어른이 되고 싶다면 그저 존재하기만 할 것   204

오십이 되면 가장 먼저 할 일, 사랑하는 사람을 위해 밥 짓기   212

5장　포기 대신 활기

이제부터는
홀가분하게 살기로 했다

인생이라는 작품은 오십부터 그려 가는 것　　　　　225

더 좋은 것으로 채우기 위해 비운다　　　　　　　232

집착하는 마음과 과감히 결별하는 용기　　　　　241

과거에 갇히지 말고 오십 이후의 삶을 살아갈 것　　246

나가며　인생을 홀가분하게 만들어 준 장자의 지혜　　253
부록　오십에 새겨야 할 장자 속 한 줄　　　　　260

1장

욕심 대신 자유

오십,
지금까지
잘 왔다

언제까지 이름에 얽매여
자신을 괴롭힐 것인가

이름이란 실재하는 것의 손님에 불과하다

名者實之賓也
명자실지빈야

요임금이 허유에게 천하를 양보하고자 이렇게 말했습니다.

"(중략) 그대가 왕이 된다면 천하는 잘 다스려질 텐데 아직
도 부족한 제가 왕 노릇을 하고 있습니다. 부디 천하를 맡아
주십시오."

허유가 답했습니다.

"임금께서 이미 천하를 잘 다스리고 있거늘 어찌 제가 임금을 대신하여 왕이란 이름을 가지려 한단 말입니까? 이름이란 실재하는 것의 손님에 불과할 뿐인데 어찌 이름만을 위해 임금이 되겠습니까."

堯讓天下於許由曰(요양천하어허유왈) … 夫子立(부자립) 而天下治(이천하치) 而我猶尸之(이아유시지) 吾自視缺然(오자시결연) 請致天下(청치천하) 許由曰(허유왈) 子治天下(자치천하) 天下旣已治也(천하기이치야) 而我猶代子(이아유대자) 吾將爲名乎(오장위명호) 名者實之賓也(명자실지빈야) 吾將爲賓乎(오장위빈호)

내편〈소요유〉中에서

이름이라는 무게에 짓눌려 온 오십의 여러분에게 괜찮은 스승 한 분을 소개하고자 합니다. 바로 장자(莊子)입니다. 그의 본명은 장주인데 맹자와 동시대인 기원전 300년을 전후하여 중국에서 활동한 사상가로 알려져 있습니다. 제자백가가 활약하던 중국 춘추 전국 시대에 도가를 대표하는 인물이지요.

우리는 학문을 갈고닦기 위해 《장자》를 읽으려는 게 아닙니다. 팍팍한 오십의 삶에 여유로움을 불어넣고 더 나은 어른이 되고자 장자를 찾은 것입니다. 그러므로 장자의 이론을 철저히 고증하거나 문장 하나하나를 적확하게 해석하는 것은 이 책의 목적이 아닙니다. 우리가 장자를 읽으려는 이유는 반평생 동안 돈, 명예, 지위 등 세속의 잡스러운 것에 집착하느라 정작 자신에게 중독되지 못한 스스로를 반성하기 위함입니다.

장자의 이야기는 친근하지만 그 속뜻은 만만치 않습니다. 요임금과 허유의 이야기도 그러합니다. 특히 명자실지빈야(名者實之賓也), 즉 이름이란 실재하는 것의 손님에 불과하다는 말이 가슴 깊이 다가옵니다. 그동안 우리는 이름에 목숨을 걸어 왔습니다. 가만히 앉아서 자기를 삼가라는 장자의 말과 달리 우리는 가만히 있지 못하고 다른 사람들에게 자신을 드러냈습니다. 때로는 추한 모습으로요.

명함을 꺼내도
불안함은 그대로였다

오십 대가 되어서도 지위나 명함처럼 겉으로 드러나는 사회적 위치에 더 신경 쓰는 사람을 보면 안타깝습니다. 승진에 집착하느라 소중한 가족을 돌보지 못하거나, 스스로를 일 중독자라고 변명하면서 변변한 취미 생활 하나 없거나, 돈이 최고인 줄 알고 살았지만 당장 고민을 나눌 친구 한 명도 남지 않은 현실 말입니다. 아빠로서 엄마로서 대접받고 싶은 마음을 내려놓지 못하고 가족에게 명령조로 이야기하는 모습은 스스로도 얼마나 답답할까요.

인생의 절반을 남겨 두고 여전히 사회적인 지위로 자신을 증명해야 한다면 삶이 헛헛하지 않나요. 왠지 모를 불안함이 느껴져도 그 실체를 알 길이 없고, 자신이 가진 지위가 전부인 사람의 모습은 외로워 보이지 않습니까. 이제는 명함이 불안을 제거하는 도구가 아님을 냉정하게 깨달아야 합니다.

물론 나이가 들수록 명함이 사라지는 걸 두려워하는 건 사람들의 공통된 심리처럼 여겨집니다. 누군가가 자신을 부를 때 앞에 '전(前)'을 붙이면 맥이 빠지기도 하지요. '전 사장', '전 이사', '전 팀장'까지… 쓸쓸하고 애잔하다는 느낌이 강하게 옵니다. 이럴 때 장자의 말에 귀를 기울여 보면 어떨까요.

요임금은 자신의 부족함을 느끼고 신하인 허유에게 임금의 자리를 양보하려 합니다. 당신이 신하라면 어떻게 말했겠습니까. 욕심이 있는 사람이라면 "부족하지만 열심히 해 보겠습니다!"라고 하지 않았을까요. 하지만 장자가 예로 든 요임금과 허유의 이야기는 우리의 욕심을 산산이 조각냅니다. 허유는 오히려 벌컥 화부터 냈거든요.

"어찌 제가 왕의 이름을 지녀야 한단 말입니까. 명예와 명성은 전부 실재하는 것의 손님에 불과한 것 아닙니까. 제가 그렇게 명성이나 추구해 봐야 도대체 뭐가 되겠습니까?"

여기에서 쓰인 손님이란 말은 '허상'을 의미한다고 합니다. 명예나 명성은 모두 헛되었다는 뜻이겠지요. 허유의 말에서 나를 되돌아봅니다. 우리는 그동안 오십이 되기까지 명함을 주고받으며 나의 가치를 확인하고자 했습니다. 나는 무슨 일을 하고, 어떤 자리에 있는지가 최고로 중요했기에 이름에 매달리며 허덕였지만 정작 그 명함을 빼면 아무것도 남지 않았습니다.

명함에 적힌 회사 이름과 나의 지위를 심리적 안전 공간으로 삼았던 것은 아닐까요. 인맥을 위해서라고 변명해 보지만 거미줄에 걸린 파리처럼 이름에 얽매여 버둥대는 신세가 아니었나 되돌아봅니다. 바빠 죽겠다고, 쉬고 싶다고 말하지만 그럴수록 숨 돌릴 틈 없이 일과 관계에 도취되었습니다. 소중한 나 자신을 잃고 사랑하는 가족을 멀리했던 모습을 돌이켜 보면 아쉽기만 합니다.

이름을 내세우고 명예를 추구하는 일, 이제 조금은 내려놓을 때입니다. 이미 내려놓았다면 앞으로는 나를 위해 할 수 있는 일을 찾아보고, 아직 내려놓지 못했다면 가장 먼저 이름이라는 그늘에서 벗어나겠다고 다짐해 보면 좋겠습니다. 그래야 비로소 내가 나다워질 수 있고 나를 바라보는 세상의 눈길도 따뜻해질 수 있을 겁니다. 오십은 그렇게 세상으로 나갈 두 번째 준비를 해야 합니다.

이름을 드러내기는 삼가고
목소리를 높이는 것은 자제하라

장자는 말합니다. 이름은 실제로 존재하는 것의 그림자일 뿐이라고 말입니다. 이름은 드러내기를 삼가야 하고, 목소리는 높이는 것을 자제해야 합니다. 타인의 존경을 받는 어른에게는 내가 조금 불편해도 주변을 평화롭게 만드는 배려가 있습니다. 내가 옳다는 자의식에 갇혀 지내는 대신 나와 다른 타인을 조용히 인정하고 그 다름을 행복으로 느낄 수 있어야 합니다. 그렇게 겸손하게 세상을 바라보는 어른이 되어 보면 어떨까요.

오십이 되어서도 나이가 많고 높은 직급에 있다는 이유만으로 큰소리를 내며 자기를 드러내는 사람이 있습니다. 그러나 목소리를 낮추십시오. 이름에 집착하지 않을 때 타인으로부터 외면받지 않고 괜찮은 어른으로 인정받을 수 있습니다. 저 역시 반성하고 또 반성합니다. 저도 가장이라는 이름에 취해서, 또는 큰 목소리에 취해서 사랑하는 사람에게 함부로 말하고 행동한 적이 있습니다. 강하게 나가면 상대방이 일단 뒤로 물러선다는 것을 생활신조처럼 여긴 것이지요. 운 좋게도 주변 사람의 참을성 덕분에 관계를 유지할 수 있었지만 앞으로는 저 역시 이름 드러내기를 삼가고 목소리를 낮추는 것부터 시작해야 함을 이제는 압니다.

부끄럽습니다. 너무나 당연한 이 다짐을 오십이 되어서야 깨닫게 되었으니 말입니다. 그 누구도 가르쳐 주지 않았다고 말하고 싶지만 이 역시 변명에 불과합니다. 생각해 보면 누군가가 가르쳐 줄 때 제가 배움을 거부했던 것이니까요. 오십 대가 되고 나니 참된 어른의 모습은 무엇인지 고민했습니다. 많이 배워야 했지요. 그 과정에서 장자를 만난 게 얼마나 다행인지 모르겠습니다.

오십, 친구와 가족에게 외면받기 전에 과도한 자의식을 버려야 하는 나이입니다. '내가 누군데' 하는 마음만 버려 주십시오. 대표적인 게 이름입니다. 저 역시 이름, 명예, 체면 따위를 지키겠다고 사랑하는 사람과의 관계는 나 몰라라 한 적이 있습니다. 아쉬운 기억입니다.

물론 이렇게 변명할 수도 있겠습니다. 가족을 위해 일터에서 투쟁했다고 말입니다. 하지만 그건 자신의 생각일 뿐입니다. 당신이 일에 전념하느라 가족 또는 친구를 이십 년, 삼십 년 동안 방치했다면 그들은 급작스레 다가서려는 당신의 모습이 낯설게만 느껴질 겁니다.

집으로 돌아가고 싶습니까. 친구들과 함께하고 싶습니까. 친구와 가족의 품으로 돌아가지 못하고 유령처럼 거리를 방황하기 싫다면 '내가 누군데'라는 마음을 버리십시오. 십 대의 학업 경쟁, 이십 대의 취업 경쟁, 삼십 대의 승진 경쟁, 사십 대의 자리 경쟁에서 그토록 매달려 왔던 이름과 헤어질 수만 있다면 오십 이후의 시간은 의미 없는 늙은이의 시간이 아닌 참된 어른의 시간으로 채워질 것입니다.

쓸모와 책임을
내려놓을 용기

쓸모가 없기에 고통 없이 편안하다

無所可用 安所困苦哉
무소가용 안소곤고재

"당신은 큰 나무를 갖고 있어도 별다른 쓸모가 없다면서 걱정을 하고 있습니다만 드넓은 곳에 심어 두고, 그 곁에서 서성이고, 또 한가로이 쉬다가 나무 아래에 누워 눈 붙일 생각은 왜 하지 않는지요.

그 나무는 누군가의 도끼에 찍힐 일도 없습니다. 그렇다고 누군가에게 해를 입히지도 않고요. 쓸모는 없습니다. 하지만 고통도 없습니다."

今子有大樹(금자유대수) 患其無用(환기무용) 何不樹之於
無何有之鄕(하불수지어무하유지향) 廣莫之野(광막지야) 彷徨
乎無爲其側(방황호무위기측) 逍遙乎寢臥其下(소요호침와기
하) 不夭斤斧(불요근부) 物無害者(물무해자) 無所可用(무소
가용) 安所困苦哉(안소곤고재)

내편〈소요유〉中에서

2000년대 후반 야구팀 SK 와이번스를 이끌며 SK 왕조를 이룩하고 일명 '야신(野神)'이라고 불린 사람이 있습니다. 김성근 감독입니다. 그는 야구 감독을 그만두고 나서도 자신이 이룬 성과를 토대로 대한민국의 많은 기업에서 자신의 팀 운영 철학을 설파하곤 했습니다. 언젠가 제가 재직 중이던 회사에도 특강을 하러 와서 운 좋게 그의 강연을 들을 수 있었습니다.

강연은 감동적이었습니다. 팀의 성과를 내기 위한 투혼, 경쟁에서 이기는 법, 스타 선수를 다루는 법 등의 이야기는 당시 리더의 자리를 향해 달려가던 삼십 대 후반인 저에게 큰 울림으로 다가왔습니다. 특히 "성과 없는 리더는 아무 쓸모가 없는 리더다"라는 말이 인상 깊었습니다. 그 이후 나의 쓸모를 생각하며 하루하루를 살아갔고 어느새 십여 년이 훌쩍 흘렀습니다.

그때 생각했던 나의 쓸모는 오십이 된 나의 쓸모와 차이가 있습니다. 쓸모의 유무는 현실적으로 반드시 고려해야 할 문제입니다. 한 집안의 가장이라면, 한 조직의 구성원이라면, 한 가게의 사장이라면 모두 쓸모가 있어야 살아남을 수 있기 때문입니다. 쓸모가 필요한 시기에는 자신의 가치를 갈고닦는 일이 무척 중요합니다.

하지만 오십이 되니 쓸모의 반대말인 무쓸모에 대해 생각하는 시간이 많아졌습니다. 특히 나에게도 쓸모의 끝이 온다면, 내 의도와 관계없이 내가 쓸모없어지는 상황이 찾아온다면 그때 나는 스스로를 어떻게 바라봐야 할지 고민이 깊어졌습니다. '과연 쓸모없어졌다면서 낙심하는 태도가 옳은 걸까?' 하고 말입니다.

목적 없이 산다는 것에도
가치가 있다

어떤 사람은 일이 끊기지 않고 계속해서 몰려들 때 희열감이 든다고 말합니다. 이런 사람은 오십이 되어서도 직장을 다니고 있는 것이 행운일 겁니다. 반면 어떤 사람은 돈벌이로 하는 직장 생활에 진저리가 난다고 합니다. 회사에 들어설 때면 관 속으로 들어가는 기분이라나요. 전자는 '일중독'이고 후자는 '일 혐오'입니다. 어쨌든 둘 다 고통스럽습니다. 요즘에는 특히 몸보다도 마음의 고통이 문제입니다. 우울증은 이제 소수만 겪는 질환이 아닙니다. 감기보다 흔한 질병이 되었고 풍토병처럼 한국 사회를 짓누르고 있습니다. 하지만 다가오는 잔혹한 날들 앞에서 비명만 지르는 건 해결책이 될 수 없습니다. 어려움 속에서도 잘 살아가는 방법을 어떻게든 찾아서 일상에 적용해야합니다.

일중독과 일 혐오를 모두 겪고 있는 저에게 《장자》는 일종의 비상 대피로였습니다. 세상에는 우연한 기회가 많은데, 제가 《장자》를 접하게 된 것 역시 인생이 바뀌는 기회 중 하나였습니다. 몸은 쇠락하고 마음이 무너질 때 장자의 이야기는 저의 고민과 외로움, 슬픔과 기쁨을 나눌 영혼의 동반자가 되어 주었지요.

주변을 둘러보면 많은 사람이 오십 이후의 삶을 고민하지만 잡다한 수다나 술 마시며 하는 한탄 이외에는 딱히 해결책을 찾지 못하는 것 같습니다. 인생 2막을 시작해야 하는데, 제대로 된 어른이 되고 싶은데 어디서부터 어떻게 시작해야 할지 모르기 때문입니다. 특히 오십이 되고부터는 나의 쓸모를 고민하게 되더군요. 책임감에 짓눌려 어찌할 바를 모르고, 작은 실수에도 심하게 자책하는 저를 향해 장자는 "괜찮아. 그렇게까지 하지 않아도 돼"라고 말한 셈입니다.

대표적으로 쓸모없는 나무 이야기가 있습니다. 어느 날 장자와 혜자가 만나 이야기를 나눕니다. 쓸모를 중시했던 혜자가 장자에게 이렇게 한탄합니다.

"제게 큰 나무가 있습니다. 그런데 줄기는 울퉁불퉁하고 가지는 비비 꼬여서 지나가는 목수마저 눈길을 주지 않습니다."

그림이 그려집니다. 못생기고 어디에도 쓸데가 없어 버림받은 나무, 누구도 쳐다보지 않는 커다란 나무가 외롭게 느껴집니다. 만약 제가 혜자의 탄식을 들었다면 당장이라도 나무를 베어서 고기를 구워 먹을 장작으로라도 사용하라고 답했을 것입니다. 괜히 자리만 차지하고 아무런 쓸모도 없는 나무이니까요. 혈기 왕성했던 이십 대를 거쳐 욕망 가득했던 삼십 대, 그리고 세상의 모든 것과 승부를 겨루던 사십 대를 지나온 저는 사람이든 사물이든 쓸모가 없는 것에 진저리를 치곤 했습니다. 쓸모없으면 냉혹하게 버려지는 세상을 살아왔기 때문에 이런 생각이 드는 것이 자연스러웠습니다.

하지만 장자는 이렇게 이야기합니다.

"그냥 저기 저 막막한 들판에 심어 두고, 그 곁에서 하는 일 없이 한가로이 쉬면 어떻겠습니까? 그 주변에서 슬슬 산책을 해도 괜찮고요. 그러다 나무 그늘 아래에 누워 낮잠을 자는 건 또 어떨까요. 아무 곳에나 심어 놓아도 누군가의 도끼에 찍힐 일 없고, 누군가에게 해를 주지도 않는 당신의 커다란 나무가 쓸모없다고 괴로워할 이유가 없지 않습니까?"

장자는 나무의 쓸모를 논하지 않고 있는 그대로의 모습을 넉 넉하게 받아들이면 된다고 말합니다. 팍팍했던 시간을 지나서 이제 오십입니다. 있는 그대로도 괜찮다는 말은 건조해질 대로 건조해진 마음을 위로해 주는 듯합니다. 참고로 이 이야기가 실린 〈소요유(逍遙遊)〉의 '소요'란 목적 없이 여유롭게 노니는 만족스러운 상태 혹은 목적 없이 어슬렁거리는 모습을 뜻합니다. 그렇다면 소요의 핵심은 무엇일까요? '목적 없이'에 밑줄을 쳐야 합니다. 목적이 없다고 쓸모없는 게 아닙니다. 어떤 일이든 그 자체를 향유하고 즐길 때 쓸모는 생기기 마련입니다. 오십이 되기까지 우리는 목적지를 향해 쉼 없이 달려왔습니다. 하지만 목적지에 다다르자 갈 곳을 잃고 말았습니다. 이때 '소요'라는 단어를 마음에 품는다면 어떨까요? 길을 잃을 일이 없을 겁니다. 새롭게 내딛는 길마다 가치가 있을 테니까요.

목적이나 결과가 아닌 과정에서 끊임없이 삶의 의미를 찾는 것. 이게 바로 장자가 오십을 향해 슬며시 권하는 인생의 조언입니다. 장자의 조언은 목적에 갇혀 과정이 생략된 삶을 살아가던 우리에게 꼭 필요한 화두가 아닐까 합니다.

지금까지 충분히
잘 살아오셨습니다

당신은 지금 어느 자리에 어떤 모습으로 있습니까. 움푹 패인 주름살만큼이나 편협해진 건 아닌지, 늘어난 뱃살처럼 허풍만 늘어 있는 건 아닌지 나의 모습이 걱정스럽습니다. 동시에 안타까움도 큽니다. 오십이 되었지만 여전히 책임의 무게를 고스란히 감당하고 있는 건 아닌지 말입니다. 특히 돈벌이의 고단함은 오십의 어깨를 무겁게 해 왔고, 누군가에겐 지금도 계속 감당해야 할 몫임은 틀림없습니다. 자영업자라면 영업 이익이 포함된 매출을 올려야 하고, 직장인이라면 자신의 업무를 끊임없이 평가받아야 합니다.

하지만 버틸 수 있는 것에도 한계가 있는 법입니다. 살아남기 위해서 비정할 정도로 자신을 몰아세우고 일터에 모든 것을 바치며 타인의 고통과 슬픔에 공감할 겨를도 없이 앞으로 나아간 모습은 인정받아 마땅합니다. 하지만 원하는 바를 이루지 못했다고 해서 그것이 자신을 학대할 근거가 되지는 않습니다. 결과를 내지 못했다고 한 사람의 가치를 저울질하는 게 자연스러운 일은 아니니까요.

오십이나 되었으니 노력하기를 멈추자는 말은 아닙니다. 오히려 직장인으로서, 자영업자로서 자신이 맡은 일을 있는 그대로 받아들이고 최선을 다하는 게 당연하지요. 다만 굳이 갖지 않아도 괜찮은 과도한 부채 의식만큼은 스스로 조절할 수 있어야 합니다. 자기 나름의 쓸모가 있음에도 불구하고 세상이 바라는 쓸모에 조금 미치지 않는다고 해서 자기를 학대할 이유가 없다는 말입니다.

오십의 당신은 혜자가 말한 쓸모없는 나무가 아닙니다. 장자가 말했듯이 있는 그대로 충분히 괜찮은 나무라는 점을 기억해 두셨으면 합니다. 누군가의 그늘이 되어 주기도 하고, 누군가에게 해를 끼치지 않으며, 누군가로부터 베임을 당하지 않는 모습 그대로 당당하게 서 있으면서 말이죠. 그러니 이제 스스로에게 말해 주세요.

"그래, 여기까지 잘 왔다."

필요하다면 이제 무쓸모에 대해, 따분함에 대해 적극적으로 긍정해 주십시오. 먹고사는 것을 해결해 주지는 못하겠지만 때로는 비생산적인 시간도 필요합니다. 무쓸모를 무작정 인정하자는 말이 아닙니다. 쓸모와 책임을 내려놓고 있는 그대로의 내 모습을 바라보는 시간이 우리에게 절대적으로 필요하다는 걸 말씀드리고 싶을 뿐입니다. 영혼이 탈진하기 전에, 말 그대로 다리 하나 들 힘이 남아 있을 때 자기 자신을 적극적으로 위로할 줄 아는 사람이 되었으면 합니다.

오십이 되었다면 더 이상 스스로 쓸모가 없다며 괴로워하지 않기를 바랍니다. 쓸모는 자신이 결정하는 것이지 세상의 허튼 말에 정해지는 것도 아니라는 점 역시 기억해 주시고요. 과도한 책임이 당신을 겨눌 때, 우리는 장자의 조언을 생각하면서 편안히 웃어넘길 수 있기를 바랍니다.

참고로 혜자는 장자와 동시대를 함께한 인물이었는데 장자와 친구이면서도 사상적 호적수라고 전해집니다. 혜자와 장자는 자기 생각을 주장하며 논쟁하는 사이였지만 그 과정에서 '네 생각이 틀리고 내 생각이 옳다'고 말하지 않았다고 합니다. 그 덕분에 평생토록 논쟁을 벌이면서도 감정을 해치지 않고 친구 관계를 유지할 수 있던 것이지요. 그래서였을까요? 혜자가 죽은 뒤에 장자가 혜자의 무덤 앞에서 "이제 나는 이야기를 나눌 사람이 사라졌구나!"라고 외쳤다는 일화가 기억에 남습니다. 오십이 되어도 이런 이야기를 나눌 친구 하나쯤은 꼭 만들고 싶다는 생각이 듭니다.

저 역시 오십이 되었을 때 앞으로 어떻게 살아가야 할지 막막했습니다. 그럴 때마다 혼잡한 출퇴근길에서, 식구들이 잠든 조용한 거실에서 저는 장자의 이야기를 읽었습니다. 그 덕분에 스스로를 전보다 더 여유 있게 바라볼 수 있게 되었고 새로운 인생을 살겠다는 의지를 다질 수 있었습니다. 쓸모와 책임을 내려놓으니 오십 이전과는 또 다른 계획을 세울 수 있게 된 것 같습니다.

평범한 하루를 지옥으로 만드는
시시비비의 덫

성인은 시시비비를 가리는 대신 하늘의 이치를 따른다

聖人不由 而照之於天
성인불유 이조지어천

삶이 곧 죽음이 되고 죽음은 바로 삶이 됩니다. 가능했던 것이 곧 불가능해지고 불가능했던 것이 바로 가능해집니다. 옳음을 따르다가 그름을 따르고 그름을 따르다가 옳음을 따릅니다. 그래서 성인은 시시비비를 가리는 대신 하늘의 이치에 비추어 모든 것을 보고 또한 하늘의 이치를 따릅니다.

方生方死（방생방사） 方死方生（방사방생） 方可方不可（방가

방불가) 方不可方可(방불가방가) 因是因非(인시인비) 因非
因是(인비인시) 是以聖人不由(시이성인불유) 而照之於天(이
조지어천) 亦因是也(역인시야)

내편〈제물론〉中에서

오십이 될 줄 몰랐습니다. 늘 이십 대로, 삼십 대로, 백번 양
보해서 불혹으로 늘 그렇게 살 줄 알았습니다. 나이가 들면서
신체도 허약해졌지만 그 자연스러운 변화를 단 한 번도 진지하
게 고민하지 않았습니다. 미래에도 지금의 모습 그대로일 것이
라고 착각했습니다. 그랬습니다. 삶이 있기에 죽음이 있고, 죽
음이 있기에 삶이 있다는 그 당연한 이치를 무시했습니다.

  늙는 게 당연하다거나 죽음이 전부라는 말을 강조하고 싶지
는 않습니다. 다만 생과 다른 사, 가능함과 다른 불가능, 옳음
과 다른 그름의 존재를 인정했어야 하는데 오십이 되어서도 게
을리 바라봤다는 부끄러움을 고백하는 겁니다. 나와 다른 타인
도 인정하고 바라볼 줄 알아야 했지만 저는 보기는커녕 외면했
고 인정하기는커녕 혐오했습니다.

  저는 언제나 멋있을 줄 알았습니다. 늘 어깨에 힘을 넣고 다
닐 줄 알았습니다. 그러니 나와 다른 누군가를 절대 인정할 줄

도 몰랐지요. 이 건방진 마음은 지금 생각하면 얼굴이 화끈거릴 정도입니다. 정답이 있는 줄로만 알았던 때가 있었습니다. 물론 그때는 그래도 됐습니다. 그게 살아가는 힘이 되기도 했으니까요.

하지만 오십이 되니 정해진 답을 좇는 삶에서 조금은 벗어나는 게 맞지 않을까 하는 생각이 듭니다. 하나의 정답 말고는 모두 틀렸다고 생각했던 저의 모습을 반성하면서 말입니다. 이제는 오로지 나의 선택이 옳다고 믿으며 강박적으로 반응해 왔던 옹졸함에서 벗어나고자 합니다.

시시비비를 가리면
반드시 갈등이 생긴다

김삿갓이라고 아실 겁니다. 본명은 김병연입니다. 조선 후기의 유명한 방랑 시인이지요. 그는 세상을 풍자하는 날카로운 생각을 시로 표현했는데, 그중에 '시시비비시(是是非非詩)'라는 작품이 있답니다.

시의 한 구절을 소개해 봅니다.

옳은 것 옳다 하고 그른 것 그르다 함이 꼭 옳진 않고
是是非非非是是(시시비비비시시)

그른 것 옳다 하고 옳은 것 그르다 해도 옳지 않은 건 아닐세
是非非是非非是(시비비시비비시)

그른 것 옳다 하고 옳은 것 그르다 함, 이것이 그른 것은 아
니고
是非非是是非非(시비비시시비비)

옳은 것 옳다 하고 그른 것 그르다 함, 이것이 시비일세
是是非非是是非(시시비비시시비)

해석을 보니 더 어렵게 느껴집니다. 김삿갓이 말하고 싶었던
요지는 이 세상을 옳은 것과 그른 것으로 똑같이 나누는 게 어
렵다는 것입니다. 그러니 완전히 옳은 것도 완전히 잘못된 것
도 없다는 뜻으로 이런 시를 지은 것이지요.

그런데 오늘날에는 잘못된 것을 똑바로 가려내고자 할 때 시
시비비라는 말을 쓰곤 합니다. 시시비비를 가리려고 애써 봐야

헛것이라는 김삿갓의 생각과는 달리 시시비비를 가리려는 태도가 더 강해진 것입니다.

《장자》의 제물론에는 시비(是非)를 화두로 둔 이야기가 많습니다. 장자는 '내가 옳고 너는 틀리다'는 배타적인 마음이 우리의 관계를 악화시킨다고 말하고 싶었나 봅니다.

참고로 장자가 사상가로서 활동하던 시기는 많은 학자가 활발하게 토론하고 논쟁하던 백가쟁명의 시대였습니다. 이럴 때는 내 이론이 옳다고 주장해야 했습니다. 그래야 자신의 사상이 정치적 힘을 발휘할 수 있었을 테니까요.

하지만 장자는 여기에 의문을 가집니다. 동의 가능한 하나의 합의를 끌어내기 위해 옳고 그름을 격렬하게 따지는 행위가 과연 바람직한 걸까? 장자의 결론은 '아니다'입니다. 시시비비를 가리는 과정에서 오히려 대립과 갈등만 증폭시킨다고 생각했지요. 장자의 생각은 여기에 머무르지 않고 또 하나의 의문을 제기합니다.

"시비를 따지면 모든 사람에게 긍정하는 답이 나오는가?"

물론 그 대답 역시 '아니다'입니다. 왜냐하면 사람마다 옳고 그름의 기준이 다르기 때문입니다. 사람들이 옳다고 생각하는 것이 다른 이유는 사람마다 관점이 다르고 그런 관점을 갖게 된 경험이 다르기 때문이지요.

나와 다른 사람을 향한
시시비비의 관점만 내려놓아도

장자는 말합니다. 생이 곧 사가 되고 사는 바로 생이 된다고 요. 가능했던 일이 곧 불가능해지고 불가능했던 일이 바로 가능해지기도 하며, 옳음을 따르다가 그름을 따르고 그름을 따르다가 옳음을 따른다고도 합니다. 시시비비를 따지던 지난날을 비추어 보면 생각할 거리가 많은 이야기입니다.

되돌아봅니다. 오십 이전까지 우리는 얼마나 많이 시시비비의 대상이 되었습니까? 시시비비는 '비교'의 모습으로 우리에게 다가왔습니다. 끊임없이 비교하며 사는 일상에 익숙해질 수밖에 없었습니다. 실은 참아 왔을 겁니다. 그래서일까요? 저는 친목 모임처럼 비교하지 않는 집단에서 노는 걸 좋아합니다.

사실 비교는 저에게 트라우마처럼 남아 있습니다. 직장 생활 삼 년 차에 신입 사원이 들어왔을 때의 일입니다. 막내 신세를 면했다고 기뻐한 것도 잠시, 악몽이 시작되었습니다. 저의 상사가 영업 사원으로 일하고 있던 저와 이제 막 실무를 시작한 신입 사원을 늘 비교했던 것입니다.

"김 대리! 이제 들어온 신입 사원보다 주간 실적이 안 좋아서야 되겠습니까?"

그때 비교당하면서 받았던 상처는 여전히 마음속 깊은 곳에 남아 있습니다. 남들과 다른 것은 틀린 것이라는 획일화의 굴레 속에서 끝없이 타인의 눈을 의식한 시간은 생각만 해도 고통 그 자체입니다. 그렇게 비교당하면서 괴로워했던 어린 시절을 뒤로하고 성인이 되어 또다시 사회에서 누군가와 비교당하며 살아왔지요. 그런데 어쩌다 보니 세상의 저울질에 물들어 버리고 어느새 저울질을 하고 있는 자기의 모습을 발견하게 됩니다.

먼저 저부터 고백합니다. 저는 저보다 잘난 사람에게서 약점을 찾아내는 게 취미였습니다. 그렇게 해서 부족한 자신을 위로하고 나의 가치를 확인하려 했던 것 같습니다. 부끄럽기 이를 데가 없습니다. 나를 비교하던 세상에 분노하고 괴로워했지만 정작 타인을 향해서 시비를 가리는 추악한 사람이 저였으니까요.

아직도 저에게서 다른 존재를 적으로 만들어 공격하려는 모습이 보이면 섬뜩합니다. 왜 그랬을까 생각해 보면 약점을 잡는 일이 경쟁 사회에서 가장 쉽게 이기는 방법이었기 때문이 아닐까 싶습니다. 한편으론 어리석었음을 인정합니다. 나보다 잘난 사람을 몰아내려 할수록, 외면하려 할수록 오히려 마음 깊숙한 곳에 자리를 잡는다는 걸 몰랐습니다.

장자의 말에 의하면 성인은 시시비비를 가리는 대신 하늘의 이치에 비추어 모든 것을 보고 따른다고 합니다. 하늘의 이치란 자연스러움이 아닐까 생각합니다. 시시비비를 함부로 가리지 않고, 나와 다른 누군가와 세상을 있는 그대로 받아들이는 포용의 자세 말입니다. 사랑하는 사람에게 시시비비를 가리는 잔인함과 이별해야 할 이유입니다.

그동안 나와 다른 상대방에게 나의 방식을 강요하지는 않았는지 돌아봅니다. 심지어는 사랑하는 사람임에도 나를 우선하느라 관계가 파멸에 이르는 것도 몰랐던 어리석음과 결별하고 '부지(不知)', 즉 '알 수 없음'을 선언한 후 시시비비를 가리지 않는 연습을 시작해야 합니다. 그래야 초조했던 마음이 편안해지고 비로소 나에게 도움이 되는 사람들을 만나게 될 겁니다. 평범한 날도 스스로 지옥으로 만들어 버렸던 시시비비의 날에서 해방되는 오십이 되기를 바랍니다.

중간만 지키면
만사가 평화롭다

착한 일을 하되 이름에 집착하지 않는다

爲善無近名
위선무근명

착한 일을 하더라도 소문이 나지 않도록 하십시오.

악한 일을 하게 되더라도 형벌에 가까워서는 안 됩니다.

무언가를 할 때는 그 중간의 입장을 기준으로 삼으십시오.

이렇게 한다면 자기 몸을 지키고 일상은 편안히 보내면서

부모를 공양하며 하늘로부터 받은 평생을 무난히 누릴 수

있게 됩니다.

爲善無近名(위선무근명) 爲惡無近刑(위악무근형) 緣督以爲

經(연독이위경) 可以保身(가이보신) 可以全生(가이전생) 可

以養親(가이양친) 可以盡年(가이진년)

내편〈양생주〉中에서

오십이 되니 몸이 영 안 좋아집니다. 하루에 1만 보 이상 걸
어도 보고 몸 구석구석 스트레칭도 해 보고 영양제도 열심히
먹어 보지만 활력이 넘치던 예전으로 돌아가기가 만만치 않습
니다. 어쩔 땐 몸이 점점 사그라드는 느낌이 들어 매우 불쾌합
니다. 고민 끝에 헬스장에 등록해 보지만 며칠 나가고 회비를
버리는 일이 반복되니 자괴감도 듭니다.

몸뿐만 아니라 마음은 또 어떤가요? 수십 년 동안 쉬지 않고
바쁘게 지내다 보니 세상을 바라보는 나의 영혼도 함께 팍팍해
진 것 같습니다. 한번은 회사에 휴가를 내고 아이들과 리조트
에 놀러 갔습니다. 그런데 휴가를 즐기기는커녕 언제 어디에서
전화가 올지 몰라 핸드폰만 들여다보게 되더군요. 노는 게 노
는 게 아니고 쉬는 게 쉬는 게 아니었지요.

장자는 이런 우리를 보고 이렇게 이야기합니다.

"몸을 지키는 일은 아무것도 아닙니다. 일상도 편안하게 보낼 수 있고 부모도 공양할 수 있습니다. 그렇게 하늘로부터 받은 당신의 수명을 무난하게 누리면서 살 수 있습니다. 그것도 마음 편하게 말이지요."

몸뿐만 아니라 마음까지도 편안해지는 방법이 있다고 하니 귀가 솔깃합니다. 심지어 부모를 공양할 수도 있다고 하는군요. 과연 그 비법은 무엇일까요? 장자의 제안은 예상외로 단순했습니다.

첫째, 착한 일을 하더라도 소문을 내지 말 것.
둘째, 악한 일을 하게 되더라도 벌을 받을 정도가 되어선 안될 것.
셋째, 무슨 일을 할 때는 그 중간의 입장을 기준으로 삼을 것.

잘난 체하지 말고, 벌 받을 정도의 나쁜 일을 삼가며, 무슨 일이 있다면 우선 중도적 입장을 취하는 것. 이 세 가지만 지키면 마음이 편한 건 물론이고 건강하게 천수를 누릴 수 있다고 하는군요.

편안함에 이르는 비결,
'중간만 할 것'

《장자》의 〈양생주〉에는 어떻게 하면 활기차고 신나고 생명력 있는 삶을 살 수 있는지와 관련된 내용이 나옵니다. 그 방법은 생각보다 간단합니다. 특히 쉴 틈 없이 고단하게 살아온 오십 대에게는 이제 여백을 고민해 보라고 제안하지요.

오십, 치열하게 살아왔습니다. 늘 부대끼고 정신없이 바쁜 일상이었습니다. 삶에 여백이라고는 도무지 찾기가 어려웠지요. 이제부터는 여백을 발견해야 할 때입니다. 그동안 미처 보지 못했던 공간을 찾고, 그동안 신경 쓰지 못했던 시간을 찾아내야 내 삶의 진정한 주인공이 될 수 있습니다. 최악의 상황을 피하고 최선의 노력을 고민하며 살아온 치열함을 이제 잠시 내려둘 때입니다. 여백을 찾으십시오. 가는 데까지 가 보자고 외치며 스스로를 혹사하는 습관을 버려야 합니다.

때로는 중간만 해도 본전을 찾습니다. 그럼에도 욕심 때문에 자신의 몸과 마음에 고통을 주고 있다면, 타인과 경쟁하고 뭔가를 얻기 위해 투쟁하며 아직 자신의 또 다른 가능성을 발견하지 못했다면 이제는 장자가 전하는 '중간만 하라'는 메시지에 귀를 기울일 차례입니다.

중간이라고 하면 이도 저도 아니고 노력하지 않는 상태처럼 느껴지지만 중간에 이르는 과정은 그리 만만하지 않습니다. 장자가 제안한 세 가지 태도 중, 벌 받을 정도로 악한 일을 하지 않는 일은 그래도 할 만합니다. 그런데 착한 일을 소문내지 않는 일은 생각보다 쉽지 않지요.

우리는 착한 일을 하면서도 티를 내지 않는 사람을 '천사'라고 지칭합니다. 신과 인간의 중간 존재로서, 신의 뜻을 인간에게 전한다는 바로 그 천사 말입니다. 장자는 천사가 되는 법을 알려 주었습니다. 착한 일을 할 때 소문을 내지 않으면 된다고요. 실제로 우리 주변에는 이런 천사들이 많이 있습니다.

언젠가 '얼굴 없는 천사들이 전하는 행복 바이러스'라는 제목으로 보도된 한 방송사의 뉴스를 보게 되었습니다. 화면에는 한 경찰서 안으로 불쑥 들어오는 남성이 보입니다. 그리곤 무엇인가를 전달하곤 급히 밖으로 나갑니다. 전달된 것은 5만 원권 지폐 스무 장과 조손 가정을 위해 써 달라는 쪽지였습니다. 점심 식사 중이던 직원들이 급히 달려 나가 그 남성에게 이름을 물었으나 그 남성으로부터 돌아온 말은 잘 써 달라는 부탁

뿐이었다고 합니다.

장자는 바로 이런 사람이 되라고 말합니다. 하지만 쉽지 않습니다. 저는 그동안 아주 작은 잘한 행동 하나, 미미하기 이를 데 없는 선행 하나도 모조리 드러냈습니다. 칭찬과 존경을 받기 위해서 말입니다.

하지만 저에게 미칠 좋은 영향만 생각했지, 이런 행동으로 인해 누군가에게 시기와 질투를 살 수도 있다는 점은 깨닫지 못했습니다. 세상에는 가까운 사람을 음해하고, 필요하면 온갖 공격마저 일삼는 사람이 생각보다 많습니다. 다른 사람의 불행을 자신의 행복으로 여기는 사람이 생각보다 많다는 사실을 믿고 싶지 않을 정도였습니다.

이름 없이 사는 것, 그걸 왜 몰랐던지 후회가 됩니다. 나로부터 시작해 나에게로 돌아오는 것이 인생입니다. 내가 입 밖으로 던진 말 한마디에 가깝던 사람들과 멀어질 수도 있다는 것을 알았다면 좀 더 말을 조심했을 텐데요. 하지만 반성합니다. 그 모든 시작점은 저였고 그 마지막도 저였으니까요.

시작과 끝의 주인공은 나 자신일 수밖에 없습니다. 나는 잘못한 게 없는 피해자임에도 불쾌한 결과를 온전히 받아들여야 하는 참혹함은 솔직히 버겁습니다. 하지만 저는 보다 정확히 세상의 이치를 알고 싶었습니다. 그래서 이 모든 것의 시작점이 된 나의 행동을 찾기로 했습니다. 그리고 그 행동이 나에게 어떤 식으로 돌아왔는지를 보고 반성하면서 세상과의 화해를 시도해 보기로 했습니다.

장자가 말한 위선무근명(爲善無近名)의 의미를 이제 조금은 알 것 같습니다. 이름 없는 기부자가 되기를 선택한 현명한 천사처럼 착한 일을 하더라도 소문을 내지 않는 마음으로 세상을 살아가야겠다는 생각이 듭니다. 인생의 절반쯤 왔다면 이제 조금은 평화로워질 때입니다. 내 이름 석 자를 알리지 못해 눈이 충혈되고 자기를 알아주지 않는다고 세상을 향해 분노를 쏟아내느라 정말 중요한 것을 놓치지 않기 위해서 말입니다.

마음은 맑고
기운은 넓어야 한다

마음은 맑게, 기운은 넓게

汝遊心於淡 合氣於漠
여유심어담 합기어막

천근이라는 사람이 은양에서 노닐다가 요수 강가에 이르러
이름 모를 누군가를 만나 이렇게 묻습니다.

"천하를 다스리는 방법을 알고 싶습니다."

되돌아온 답은 이러했습니다.

"썩 물러가라, 비천한 인간아. 어찌 그토록 불쾌한 말을 함부로 입에 올리느냐! (중략) 마음은 맑고 맑은 경지에서 노닐게 하며, 기는 넓고 넓은 경지에서 하나가 되게 하라. 만물의 자연스러움에 순응하고 사사로운 마음을 섣불리 일으키지 않는다면 세상은 저절로 다스려지게 될 것이니라."

天根遊於殷陽(천근유어은양) 至蓼水之上(지료수지상) 適遭無名人而問焉(적조무명인이문언) 曰請問爲天下(왈청문위천하) 無名人曰(무명인왈) 去汝鄙人也(거여비인야) 何問之不豫也(하문지불예야) … 汝遊心於淡(여유심어담) 合氣於漠(합기어막) 順物自然而無容私焉(순물자연이무용사언) 而天下治矣(이천하치의)

내편〈응제왕〉中에서

틀 안에서 살아왔습니다. 제도와 규범 같은 외적인 틀 말입니다. 어렸을 때는 학교라는 틀, 성인이 되어서는 일터라는 틀, 그리고 사회라는 틀까지 각각의 제도와 규범을 지키느라 제 목소리 한번 크게 내지 못했습니다.

그렇게 반평생 동안 눈에 보이지 않는 틀에 갇혀서 사고하고 가치를 판단할 수밖에 없었을 것입니다. 이제야 제 목소리 좀 내 볼까 했는데 벌써 오십이 되었습니다. 찬란한 벚꽃이었을 때는 지나고 이미 떨어졌거나 혹은 아등바등 가지에 매달려 있는 듯합니다. 누군가는 그러더군요. 오십이 되어 회사를 그만두는데 생전 장례식 같다고 말입니다.

당신은 청춘 때 기대했던 어른의 모습으로 살아가고 있는지 궁금합니다. 정신적으로 자유롭고, 유연하고, 열려 있는 그런 어른 말입니다. 어쩌면 철없지만 세상을 투명하게 바라볼 줄 아는 아이보다 못한 어른이 되어 버린 것은 아닌가 싶어 씁쓸해집니다. 세상을 있는 그대로 볼 줄 알고, 또 그 속에서 새로운 시선을 가졌더라면 더 나은 어른이 되지 않았을까 하는 후회도 생깁니다.

부끄럽고 답답한 지금의 모습으로 계속 살아가야 할까요. 아닙니다. 오십은 새롭게 자신을 설계할 때입니다. 아무것도 하지 않으면서 불확실한 미래를 걱정하는 일이 어리석다는 걸 우리 모두는 알고 있지요.

단, 서두르지 않아도 괜찮습니다. 맛있는 사과 하나를 수확하기 위해서는 수많은 시간이 필요한 법이니까요. 먼저 꽃이 피도록 기다려야 합니다. 그리고 열매가 맺히면 잘 익을 때까지 기다려야 합니다. 맑은 곳에서 담담하게, 그리고 넓은 곳에서 막막하게 말입니다.

마음을 흔드는 말, 욕심을 부르는 생각

천근이라는 사람이 강가를 노닐다가 이름 모를 누군가를 만납니다. 그리고 천하를 다스리는 방법을 알고 싶다고 말하지요. 천근은 붙임성이 있는 사람이었나 봅니다. 아니면 무명인의 모습에서 어떤 오라를 느꼈을지도 모르고요. 생전 처음 본 사람을 향해 천하를 다스리는 법을 물어보는 것이 어색하긴 하지만 누구에게든 세상의 지혜를 배우고자 하는 천근의 겸손함이라고 생각하면 되겠습니다.

그런데 이토록 정중하게 물어본 천근을 향해 되돌아온 말은 상상 밖입니다. 무명인은 딱 세 마디를 매몰차게 말합니다.

1. 내 앞에서 꺼져라.

2. 너는 수준 낮은 사람이다.

3. 내가 이렇게 말하는 이유는 듣기에 불쾌한 말을 함부로 입에 올렸기 때문이다.

'내 앞에서 꺼져라' 그리고 '너는 수준 낮다'라는 말을 한 이유는 천근이 무명인에게 했던 질문 때문입니다. 그런데 천근이 정말 불쾌한 질문을 했나요? 세상을 다스리는 법에 대한 가르침을 요청했을 뿐인데요.

이 이야기를 처음 접했을 때 저는 무명인이 이해가 되지 않았습니다. 왜 이렇게 사람에게 면박을 주는 걸까 싶었거든요. 장자는 왜 이런 사람을 대단한 사람이라고 치켜세우면서 귀담아들으라고 했던 건지 궁금했습니다. 무명인으로부터 어떤 삶의 교훈을 얻어야 했는지 말입니다. 다시 한번 문장 주변을 잘 읽어 보았더니 이런 내용이 있더군요. 무명인이 천근에게 한 말입니다.

나는 세상 밖에서,
아무것도 없는 곳에서 여유롭게 지낼 것이다.
끝없이 넓은 저 들판에 살면서 말이다.

그런데 너는 무엇 때문에 천하를 다스리는 일 따위로 내 마음을 흔들려 하는가.

以出六極之外(이출육극지외) 而遊無何有之鄕(이유무하유지향) 以處壙垠之野(이처광은지야) 汝又何帠以治天下感予之心爲(여우하예이치천하감여지심위)

이제야 무명인의 마음이 느껴집니다. 어쩌면 누군가를 마음대로 다스리지 못해서, 세상을 갖지 못해서 안달이 난 저를 보고 하는 말 같습니다.

세상에서 가장 나다운 이야기를
시작해 보기

무명인의 입을 빌려 장자는 오십인 우리를 향해 이렇게 조언합니다.

"오십이 되었습니다. 이제 당신의 마음을 담담한 상태, 그러니까 맑은 상태로 유지해야 합니다. 당신의 기운이 넓고 넓은 세상과 불화를 일으키지 않도록 조심하면서 말이지요. 세상의 자연스러움에 순응하고 불쾌하기 이를 데 없는 지극히 사사로운 마음을 섣불리 일으키지 않는다면 세상은 저절로 다스려질 것입니다."

담담한 마음이란 차분하고 평온한 상태를 의미합니다. 사사로운 데 얽매이지 않는 맑고 맑은 마음이지요. 막막한 기는 무엇일까요? 여기서 막막은 '의지할 데 없이 외롭고 답답하다'의 막막(寞寞)이 아니라 '조용하다, 마음이 편안하다, 자리를 잡다'라는 뜻의 막막(漠漠)입니다. 한마디로 들뜬 기운을 차분하게, 넓은 마음으로 다스리라는 뜻입니다.

"마음은 맑게, 기운은 넓게."

오십이 된 우리가 늘 기억해야 할 조언이 아닐까 합니다. 장자가 알려 준 담담함과 막막함으로 우리의 영혼을 다스려 보는 건 어떨까요. 백 세 시대의 오십은 이제 고작 생의 한가운데에 서 있을 뿐입니다. 그러니 무명인처럼 현재를 즐기며 맑고 넓은 마음가짐으로 오십 이후의 삶을 살아 보는 겁니다.

우리는 지금까지 말 그대로 불꽃과도 같은 삶을 살아왔습니다. 어떤 시절은 하루하루가 전쟁 같았습니다. 그렇게 투쟁으로 가득한 시간과 공간에서 허우적거렸습니다. 이제는 자신에게 여유를 주어도 괜찮습니다. 작은 것 하나부터 담담하고 막막하게 바라볼 수 있다면 지금 여기의 아름다움을 놓치는 우를 더는 범하지 않을 겁니다.

오십이 되니 음악이 들리기 시작합니다. 바쁠 때는 전혀 들리지 않았던 클래식이 들리고, 재즈가 들리는 걸 보니 오십이라는 나이도 나름대로 괜찮다는 생각이 듭니다. 방황하던 십대, 이십 대, 그리고 치열하고 바빴던 삼십 대, 사십 대 시절을 지나 이제야 나만의 시간을 평범하게 보낼 수 있게 되었으니까요. 세상에서 제일 어려운 것은 평범하기 이를 데 없는 삶을 살아 내는 것입니다. 이것에도 저는 감사합니다.

아무것도 이루지 못하고 오십이 되었다고 한탄할 이유가 없습니다. 존재가 확인되지 않는다고 심리적으로 불안해할 이유도 없습니다. 선입견, 오만, 자의식 등을 하루에 조금씩이라도 덜어 내면서 장자의 말처럼 담담하게 그리고 막막하게 세상을 바라봅시다. 그러다 보면 다소 불편한 것들이 우리를 향해 다가오더라도 타인과 아름답게 공존하면서 적절한 평화를 누릴 수 있지 않을까요.

2장

후회 대신 준비

나를
잃고 나서야
비로소 나를
찾는다

오십부터는
과거의 나를 버려야 한다

이제 나는 나를 잃었다

今者吾喪我
금자오상아

"지금 나는 나를 잃었다. 자네가 그것을 어찌 알겠는가? 자네는 사람의 소리는 들었겠지만 땅이 내는 소리는 듣지 못했을 것이야. 땅이 내는 소리를 들었다 해도 하늘이 내는 소리는 듣지 못했을 것이고."

今者吾喪我(금자오상아) 汝知之乎(여지지호) 汝聞人籟而未聞地籟(여문인뢰이미문지뢰) 汝聞地籟而未聞天籟夫(여

문지뢰이미문천뢰부)

내편 〈제물론〉 中에서

지나온 길을 돌이켜 보면 후회가 많습니다. 그래서 내일은
잘 살기 위해서 그만큼 준비하고자 합니다. 인생의 절반쯤 왔
다면 앞으로 어떤 준비를 해야 좋을지 생각해 봅니다. '돈을 더
모을걸', '더 높은 자리에 올랐어야 했는데' 같은 후회가 떠오르
나요? 그러나 이런 후회나 이를 위한 준비를 말한 것은 아닙니
다. 오십이 되었다면 이제는 오십에 필요한 후회와 준비를 해
야 합니다. 불필요한 후회, 쓸데없는 준비를 하느라 새로운 길
로 나아가는 용기를 꺾어서는 곤란하지요.

지금까지의 후회를 되풀이해서는 안 됩니다. 물론 그동안 살
아왔던 방식을 무작정 외면하기는 쉽지 않을 것입니다. 예를
들면 자본주의에 익숙해진 나머지 나 자신을 있는 그대로 바라
보지 못하고 얼마나 쓸모 있는지를 따지며 '인적 자원'으로 평
가하는 일입니다. 그러다 보면 스스로를 쓸모없는 사람으로 생
각하기 쉽습니다. 하지만 스스로를 자본주의 속 하나의 부품으
로 여기는 것은 스스로의 가치를 낮추는 일이라는 사실을 기억
해야 합니다.

오십이 될 때까지 치열하게 살아왔지만 삶의 마지막을 여유롭게 즐기려던 마음과는 달리 나 자신을 마치 유효 기간이 지난 폐기물처럼 바라본다면 비극이 아닐 수 없습니다. 실제로 평균 수명은 올라가고 있지만 정년퇴직 나이는 옛날과 그다지 변한 게 없습니다. 하지만 퇴직 이후의 삶에 필요한 노후 자금, 집값과 함께 오른 보유세, 만 원짜리 지폐 한 장으로는 김밥에 라면 그리고 커피 한 잔조차도 마시기 힘든 물가 등등 돈 문제는 막막하기만 합니다.

당장 일을 그만두고 싶어도 그만둘 수 없는 아이러니 속에서 오십은 갈 곳을 잃었습니다. 몸은 아직 팔팔한데, 마음도 젊어지고 있는 것 같은데 세상이 오십을 바라보는 시선은 곱지 않습니다. '기득권', '꼰대', '김 부장'이라는 이름으로 명명하며 거리를 두려 하니까요. 나 자신의 존재감에 대해 회의를 느낄 정도입니다.

장자는 세상에 불필요한 존재로 취급되어 상실감을 느낀다면 후회하지 말고 준비하라고 말합니다. 새로운 세상으로 나가기 위해서라도 우리 자신을 과감하게 잃어버릴 용기가 있어야 한다고 전하면서 말이지요. 대신 이 말을 스스로 외쳐야 한다고 권합니다.

"오상아(吾喪我)!"

나를 잃었을 때
비로소 다가오는 행복의 시간

누구나 행복을 원합니다. 이 세상에 스스로를 불행으로 내몰고 싶은 사람은 없겠지요. 그렇다면 우리는 앞으로 어떻게 살아야 불행에서 벗어나 일상을 홀가분하게 즐길 수 있을까요? 장자가 들려주는 이야기를 따라가 보면서 그 방법을 찾아보겠습니다.

장자는 세 가지 소리를 구별해야 한다고 이야기합니다. 사람이 내는 소리, 땅이 내는 소리, 그리고 하늘이 내는 소리입니다. 각각의 소리에 담긴 의미를 다시 한번 되짚어 볼 필요가 있겠습니다.

첫째, 사람이 내는 소리란 나 자신이 내는 소리입니다.
스스로의 경험만이 담긴 소리이지요.

둘째, 땅이 내는 소리는 예기치 않게 마주친 누군가와의 관계에서 나는 소리입니다.

어제도 오늘도 그리고 내일도 우리가 세상을 살아가면서 필연적으로 만나게 되는 누군가에게 듣는 소리입니다.

셋째, 하늘이 내는 소리는 우리가 진정 들어야 하는 세상의 소리입니다.

거기에는 나 혼자만의 소리뿐만 아니라 어울려 살아야 하는 타인의 소리가 조화를 이루며 함께 있습니다. 나 자신을 무시하지도 않으면서 타인을 외면하지도 않는 마음, 모두를 존중하고 인정하는 마음에서 비롯된 관계의 재건에 관한 소리일 것입니다.

이 중에서 장자가 집중해서 들어야 한다고 말하는 소리가 있습니다. 사람의 소리도, 사물의 소리도 아닙니다. 오직 하늘이 내는 소리입니다. 하늘이 내는 소리는 '지금, 여기서 잘 살라'는 말과 같습니다. 나만의 소리가 옳다는 생각을 비우고 타인의 소리와 조화를 이루는 것이지요. 지금 바로 여기에서 할 수 있는 것, 당장 하고 싶은 것부터 잘하면 된다는 이야기를 귀담아 듣고 또 실천하자는 뜻입니다.

예를 들어 볼까요? 늘 경계심 가득하여 퉁명스럽게 말하는 상대에게 친절하게 인사하고 부드럽게 말해 주는 건 하늘의 소리를 잘 듣고 또 그에 대응하는 태도입니다. 지저분한 음식물 쓰레기를 두고 인상을 찌푸리는 대신 스스로 먼저 치우는 것 역시 마찬가지입니다.

그런데 말입니다. 이게 쉬운 듯 어렵습니다. '내가 누군데!'라는 마음과 이별해야 하기 때문입니다. 장자는 이것을 오상아, 즉 '나는 나를 잃었다'는 말로 표현합니다.

소리를 내는 것도 중요하지만 그 이전에 소리를 듣는 게 먼저입니다. 세상의 수많은 소리를 듣기 위해서 우리는 자신의 소리부터 비워야 합니다. 하지만 보통은 그렇게 하지 않습니다. 우리는 타인과 세상의 소리를 듣기 전에 자신의 소리를 내기 바쁩니다. 어쩔 땐 아주 큰 소리로, 그것도 아주 이상하게 말입니다. 세상과의 조화는커녕 불협화음만 가득한 소리입니다. 다른 사람이 관심이 없는데도 계속되는 소리는 소음일 뿐입니다.

성곽 남쪽에 살았다는 자기는 바로 이 어려운 과제를 해결한 사람이었습니다. 자신의 소리를 지웠기에 타인의 소리를 받아들일 수 있었고 자신을 비웠기에 새로움을 채울 수 있었습니다. 장자는 자기를 예로 들면서 우리에게 말합니다.

"먼저 스스로를 잘 잃어버릴 수 있겠습니까?"

당신은 타인과 마주칠 때 어떤 소리를 내고 있습니까? 혹시 아무런 소리도 내지 못하고 있나요? 아니면 섣부른 편견으로 엉뚱한 소음을 세상에 내보내고 있나요? 그렇다면 다른 누군가와 잘 지내기 위해서, 올바른 소리를 내기 위해서 자의식을 비워 내는 작업, 즉 '오상아'와 친숙해지기를 권해 봅니다. 그래야 나와 다른 누군가와 함께 불협화음이 아닌 아름다운 하모니를 만들 수 있으니까요.

나를 비운 뒤에야, 나를 잃은 후에야 비로소 세상과 마주할 수 있습니다. 지금까지 쌓아 왔던 갑갑하고 답답하며 지극히 세속적인 권위와 명예, 그리고 돈에 대한 거친 생각을 비워 내야 합니다. 그때 우리는 비로소 나와 다른 누군가를 만날 준비가 된 것이며 그런 만남을 통해 만들어지는 소리야말로 아름다운 소리라고 할 수 있습니다.

그 후엔 어떤 일이 일어날까요? 지금보다는 한층 더 나아진 새로운 삶이 저절로 펼쳐지지 않을까요?

오십에 시작하는
내 마음 클렌징

오상아는 일종의 클렌징이라는 생각이 듭니다. 저는 특별히 색조 화장을 할 일이 없었습니다. 얼굴에 발라 봐야 가벼운 로션이 전부였지요. 그러니 특별히 클렌징을 하려고 애를 쓸 필요가 없었습니다. 하지만 제가 간과한 사실이 하나 있었습니다. 화장을 두껍게 하지 않더라도 얼굴에 기본적으로 분비되는 피지가 있기 때문에 주기적으로 잘 닦아 내야 한다는 사실을 말입니다. 클렌징의 중요성을 몰랐던 겁니다.

클렌징은 피부를 건강하게 관리하는 기본적 루틴이라고 합니다. 피부는 우리의 몸과 바깥세상의 접점입니다. 햇빛과 자극으로부터 신체를 보호하는 중요한 역할을 하는 만큼 규칙적으로 클렌징하고, 영양과 수분으로 다시 채워 주어야 합니다.

피부를 맑게 하기 위해서 클렌징이 필수이듯이 마음도 마찬가지입니다. 오십에 이르렀다면 얼룩진 우리의 마음을 깨끗하게 닦아 내야 합니다. 그래야 새로운 사람과 새로운 마음으로 만날 수 있을 테니까요.

장자가 말한 오상아와 우리가 일상에서 관심을 두어야 하는 클렌징에는 일치하는 지점이 있는 듯합니다. 나와 다른 누군가와 맑은 얼굴로 만나기 위해서라도 오상아를 잘 수행하는 오십이 되기를 바랍니다. 그런 태도야말로 오십이 세상으로 나아가기 위해 갖춰야 할 준비물이니까요. 나를 먼저 닦아야 비로소 누군가가 다가온다는 사실을 기억하세요.

섣불리 판단하지 않을 때
저절로 얻게 되는 것들

그렇게 할 뿐 그러한 까닭을 알지 못하는 것을 도라고 말한다

因是已 已而不知其然 謂之道
인시이 이이부지기연 위지도

오직 도에 능통한 사람만이 만물과 하나임을 알기에 자신이 옳다고 고집하지 않고 그저 모든 사람에게 맡겨 둘 뿐입니다. 그렇게 할 뿐 그러한 까닭을 알지 못하는 것을 도라고 말할 수 있습니다.

唯達者知通爲一(유달자지통위일) 爲是不用而寓諸庸(위시불용이우제용) 因是已(인시이) 已而不知其然(이이부지기연)

謂之道 (위지도)

내편 〈제물론〉 中에서

가정을 꾸리고 사는 저를 돌아봅니다. 저에게 가정은 연극의 1막과 2막 사이에 찾아가는 대기실 같은 곳이었습니다. 다음 대사를 확인하고 쉬면서 다음 공연을 준비하기 위한 기운을 북돋우는 곳이었지요. 삶이 바쁘다는 핑계로 가정에서 진정한 안식을 찾고자 노력하지 못했습니다. 가족을 위해 살아가는 사람을 보면 시기할 뿐 있는 그대로 인정하지 못했습니다. 그러다 보니 가정은 어느새 서로를 비난하는 시간이 끝없이 이어지는 곳, 타인보다 더 타인처럼 사는 곳, 기념일은 잊은 척하는 건조함만 남은 곳이 되었습니다.

그런데 오십이 되니 그토록 공들였던 일터는 더 이상 미래와 관련이 없는 과거 완료형이 되어 있더군요. 반면 신경 쓰지 못했던 가정은 그 무엇보다 중요한 현재 진행형이 되어 있었고요. 위태로운 순간에 나의 손을 잡아 주고 어깨를 토닥여 줄 사람이 가정이 아닌 곳에는 없다는 사실을 이제야 깨닫습니다. 나의 존재 가치를 더 이상 가정이 아닌 곳에서 찾기 어렵다는 것을 깨달았을 때, 그동안 가정에 충실하지 못했던 스스로가 후회스러웠습니다. 이 후회는 곧 견디기 힘들 정도로 묵직한 공포로 다가오기도 했습니다.

도대체 왜 이렇게 후회할 일이 생겼던 걸까요. 아마 살아남기 위해 허우적댈 때 사용한 나만의 판단, 나만의 기준을 가정에도 그대로 적용했기 때문은 아닐까 하는 생각이 듭니다. 하지만 그렇다고 여기에서 포기할 수는 없습니다. 남은 인생을 위해서라도 준비해야 할 것은 준비해야 하겠습니다.

잠시
판단을 멈춘다

대학원에서 사람의 심리를 공부할 때의 이야기입니다. 연구방법론이라는 현상학을 공부하게 되었는데 거기서 '판단 중지'라는 용어가 제 눈길을 끌었습니다. 고대 그리스의 회의론자가 주장했다는 이론이며, 용어 그대로 그 어떠한 것도 확실하게 판단을 내리는 일은 불가능하므로 모든 판단을 중지해야 한다는 주장입니다.

현상학은 제가 두 학기에 걸쳐 연구했던 과목으로 흥미로우면서 복잡합니다. 그렇지만 '판단 중지'라는 네 글자만큼은 오십의 삶에 얼마든지 쉽게 적용할 수 있지 않을까 합니다. 당장 만족하기를 원하고, 더 빠른 결과와 대답을 얻고 싶어 하는 우리에게 잠시 판단을 멈추라는 이 말이 어쩌면 장자가 말하고자 했던 바가 아닐까 싶기 때문이지요.

아주 오래전, 편의점이 처음으로 생기기 시작했을 때입니다. 저는 24시간이나 영업하는 편의점을 보고선 굳이 저렇게까지 할 필요가 있나 싶었습니다. 하지만 지금은 어떤가요. 필요한 물건이 생기면 새벽에도 편의점을 방문합니다. 심지어 이제는 지금 당장 배달을 요청할 수도 있습니다. 그러다 보니 우리는 점점 기다리는 법을 잊었고 기다림이 주는 의미와도 멀어질 수밖에 없었습니다.

물론 원할 때 원하는 것을 바로 얻을 수 있다면 좋겠지요. 하지만 만족을 잠시 뒤로 미루고 기다리는 것도 중요합니다. 기다림은 삶의 중요한 자세이자 우리가 갖춰야 할 미덕이기 때문입니다. 하지만 오십이 될 때까지 우리는 기다림이 주는 불편함을 참아 내지 못하기도 했습니다. 때때로 기다려야 하는 상황이 생기면 이를 받아들이기조차 어렵게 되었고, 내 생각대로 일이 풀리지 않는다며 짜증을 내고 화를 냈습니다.

일상을 더 잘 살고 싶은 오십에 필요한 것은 무엇일까요? 새로운 삶을 맞이할 수 있는 열린 마음이 아닐까요? 그 준비에는 기다림이 포함됩니다. 이제는 목소리가 높아져도 괜찮은 나이라고 오판한다면 세상과 화해할 수 없습니다. 장자가 말한 것처럼 자신이 옳다고 고집하지 않고 다른 사람의 모습을 인정하는 사람이 되어야 합니다.

그래서 판단 중지를 제안하고 싶습니다. 판단을 멈추고 잠시 기다린다는 것은 세상과 잘 지내고 싶은 오십에게 필요한 준비물과 같습니다. 기다리는 일에 익숙해지면 어떤 것이든 받아들일 수 있는 힘이 생깁니다. 누구와도 잘 지낼 가능성이 높아지는 것이지요.

18세 여학생으로부터
받아들이는 자세를 배우다

2013년 5월, 경기도 소재의 모 고등학교에서 부모님께 편지 쓰기 대회가 열렸습니다. 여기에서 1등을 한 작품이 있습니다.

저에게는 이 편지가 그 어떤 유명한 작가의 위대한 시보다 뭉클하고 감동적이었습니다.

(중략) 남들처럼 옷 사 달라, 맛있는 것 먹자, 뭐 해 달라 이런 말 하는 딸 안 되려고 노력했는데 최근에 제가 그랬던 것 같아 죄송해요. 수학여행, 반 티, 운동회, 시험 끝으로 인해 이곳저곳 돈이 드는데다가 새로 사야 하는 게 많아서 투정 아닌 투정을 부렸던 점 죄송합니다. 그때 그러셨죠. "엄마가 남들처럼 못 사 줘서 미안해"라고요. 전혀요. 정말 전혀요. 저는 저 말 듣고 더 가슴이 아려 왔어요. "내가 왜 이런 걸로 엄마께 짐을 얹고 있지?" 싶더라고요. 나보고는 밥 챙겨 먹어라 계속 말씀하셔도 그때 뒤에서 밥 못 드시고 돈 벌 분이 엄마실 텐데 막 이런저런 생각이 계속 스치면서 왈칵했는데….

(중략) 엄마, 저는 진짜 정말 괜찮아요. 솔직히 '우리가 돈이 넘쳐서 펑펑 쓴다면 남들보다 깊은 가족애가 나올 수 있을까?'라고 생각한 적이 정말 많아요. 저희가 다른 가족보다 서로의 사랑을 더 말로 표현하고 행동으로 직접 표현하는 이유는 이런 데서 나오는 게 아닌가 싶어요. 저는요, 그때 18평짜리 집 월세로 들어갈 때 정말 저는요, '왜 이런 집이야'가 아니라 '이제 우리 가족만

의 집이 생겼네'에 대한 행복의 눈물을 흘렸어요. 그리고 그러면서 생각했어요. 내가 우리 엄마만큼은 꼭 나중에 웃게 해 드려야겠구나.

〈아시아경제〉, 2016년 3월 27일

이 친구는 어렸을 때 부모님이 이혼해서 한동안 외가에서 성장했다고 합니다. 어머니와 오빠, 그리고 자신 이렇게 세 명이 할머니 댁에서 살게 된 거죠. 경제적으로 어려웠는지 사고 싶은 것도 마음대로 못 사고 하고 싶은 것도 마음껏 못 했나 봅니다. 제가 이 친구의 환경에 놓였다면 엄마, 아빠의 이혼을 탓하며 짜증을 냈을지도 모르겠습니다. 하지만 이 18세의 어린 친구는 자신의 환경에 진심으로 감사하고 행복해합니다. 가난 덕분에 가족애가 생겼다고 할 정도이니 정말 대단하지 않나요?

이제 이 학생의 정체를 공개하겠습니다. 그녀는 1996년생 가수이자 연기자인 김세정 씨입니다. 2016년 TV 오디션 프로그램 〈프로듀스 101〉에서 최종 순위 2위를 기록해 걸 그룹 아이오아이의 멤버로 정식 데뷔했고 걸 그룹 구구단의 멤버로도 활동했습니다. 그 이후에는 솔로로 나서 각종 음원 사이트 1위,

음악 방송 1위를 기록했을 정도로 가수로서 준수한 퍼포먼스를 보였지요. 앨범 수록곡의 작사 작곡에 참여할 정도로 재능이 뛰어난 것은 물론이고, 털털하고 유머러스한 성격 덕분에 예능에서의 활약 또한 대단합니다. 현재는 연기대상 신인상을 받으며 배우의 길 역시 승승장구하고 있습니다. 만능 엔터테이너라 불러도 손색이 없을 만큼 다재다능합니다.

오십이지만 열여덟 살의 김세정 양의 편지를 보며 반성합니다. 과연 나는 지금 사는 이 세상을 잘 받아들이고 있는 걸까? 부정적인 생각이 다가올 때 과감하게 판단을 멈추고 있는 그대로를 인정하는 여유를 지닐 수 있을까? 김세정 씨의 편지처럼 어려움과 고통을 맞닥뜨려도 감사의 마음을 느낄 수 있을까?

《주자》에는 이런 구절이 있습니다.

베어 내자니 풀 아닌 게 없지만 두고 보자니 모두가 꽃이다.
若將除去無非草(약장제거무비초) 好取看來總是花(호취간래총시화)

장자와 김세정 씨는 세상을 바라볼 때 '두고 볼 줄' 알았습니다. '베어 버리려' 하지 않았기에 꽃을 볼 수 있었지요. 장자의 말처럼 자신의 의견을 주장하지 않는 여유를 배우면 어떨까요. 김세정 씨처럼 있는 그대로 감사하며 받아들이며 살아 보는 것은 또 어떨까요. 그리고 '판단 중지'를 고민해 보면 어떨까요. 이 모든 것을 하나씩 실천해 나갈 때 우리의 삶은 이전보다 더 홀가분해질 것입니다.

볼 필요가 없는 것은
보지 않는다

"19년 동안 스승님과 함께 지냈으나
스승님은 아직도 내가 발이 하나임을 모른다네"

吾與夫子遊十九年矣 而未嘗知吾兀者也
오여부자유십구년의 이미상지오올자야

신도가는 형벌로 발이 하나가 잘린 사람인데 정나라의 대신인 자산과 함께 백혼무인을 스승으로 모셨습니다.

자산이 신도가에게 이렇게 말합니다.

"내가 먼저 나갈 테니 자네는 남아 있게. 아니면 자네가 먼저 나가면 내가 남아 있겠네."

(중략) 신도가가 대답했습니다.

"(중략) 자신은 몸이 온전하다면서 발이 없는 나를 두고 비웃는 자가 많았네. 발끈 성이 났다가도 스승님을 만나고 나면 모든 걸 잊고 평상심을 회복했다네. 스승님의 덕이 나를 선으로 씻어 주셨던 것이네. 지금까지 스승님을 19년 동안 따르고 배웠지만 스승님은 아직 내가 외발임을 모른다네."

申徒嘉(신도가) 兀者也(올자야) 而與鄭子産同師於伯昏無人(이여정자산동사어백혼무인) 子産謂申徒嘉曰(자산위신도가왈) 我先出則子止(아선출칙자지) 子先出則我止(자선출칙아지) … 申徒嘉曰(신도가왈) … 人以其全足笑吾不全足者多矣(인이기전족소오부전족자다의) 我怫然而怒(아불연이노) 而適先生之所(이적선생지소) 則廢然而反(칙폐연이반) 不知先生之洗我以善邪(부지선생지세아이선사) 吾與夫子遊十九年矣(오여부자유십구년의) 而未嘗知吾兀者也(이미상지오올자야)

내편 〈덕충부〉中에서

사람과의 관계에서는 공감이 우선입니다. 그렇다면 공감은 어디에서부터 비롯되는 걸까요? 바로 사실을 있는 그대로 잘 관찰하는 태도입니다. 이때 규칙이 있습니다. 반드시 봐야 할 것만 보고 굳이 볼 필요가 없는 것에는 눈길을 주지 않는 것이지요. 이것은 다른 사람과 관계를 맺는 가장 기초적인 기술이기도 합니다.

진정한 도는
상처 하나로 무너지지 않는다

이제부터 장자가 신도가라는 인물을 등장시켜 우리에게 무엇을 말하려는지 확인해 보겠습니다. 신도가의 직업은 밝혀지지 않았습니다. 하지만 《장자》에서 유추해 보건대 그리 잘나가는 사람은 아니었던 듯합니다. 무슨 죄를 지었는지 모르겠으나 발이 하나 잘렸으니 세상의 손가락질을 받으며 천한 사람 취급을 받았을 것이라 생각됩니다. 그렇지만 배움에 대한 열망이 컸기에 백혼무인이라는 인물을 스승으로 삼습니다.

스승의 밑에는 자산이라는 자도 있습니다. 그런데 자산이 신도가를 바라보는 시선은 따갑습니다. '내가 지금 너와 같은 스승을 모시긴 하지만 나는 너와는 다른 사람이다'라는 태도를 보인 겁니다. 신도가를 벌레 보듯이 쳐다봤을 자산의 싸늘한 시선이 어렴풋이 느껴집니다. 바라보는 것에서 그쳤으면 그래도 괜찮았을 겁니다. 그가 신도가와 한 공간에 있을 때 한 말은 냉정함을 넘어서 무례했으니까요.

"내가 먼저 나갈 테니 자네는 남아 있게. 자네가 먼저 나가면 내가 남아 있겠네."

발이 하나 없는 신도가와 같이 다니기 싫다는 말을 직접적으로 전한 것이지요. 제가 신도가였으면 이쯤에서 이미 폭발했을 겁니다. "네가 뭘 그리 잘났다고 나에게 이래라저래라 하는 거야?" 하고 말입니다.

하지만 신도가는 동료인 자산의 말에 차분하게 대답합니다. 그 내공은 자신이 모시던 스승의 태도에서 비롯된 듯합니다. 그의 대답을 들으면 백혼무인이 어떤 스승이었는지 짐작할 수 있습니다.

"지금까지 나는 스승님을 19년 동안 따르고 배웠다네. 그런데 그것 아는가? 스승님은 아직 내가 외발인지 모르고 있는 것 같더군."

저는 이 말을 듣고 부끄러움이 먼저 들었습니다. 나는 그동안 몸과 마음이 아픈 사람들을 어떻게 생각하고 어떻게 대해 왔을까 돌아보게 되더군요. 한편으로는 시원하기도 합니다. 속이 시원해지는 장면을 보고 '사이다'라는 표현을 쓰는데 신도가의 한마디가 그렇습니다. 인생의 후반전을 앞두었지만 지금의 내 모습이 초라하다며 걱정하는 저에게 힘을 주는 것 같았기 때문입니다.

신도가의 스승이 대단함은 물론입니다. 발이 하나가 없는 신도가를 19년 동안이나 봐 왔으면서 신도가의 외발에는 신경도 쓰지 않는 내공이 엄청납니다. 물론 신도가가 육상 선수였다면 당연히 알아채고 또 조언해야 했겠지요. 하지만 신도가는 도를 배우려는 사람이었습니다. 발이 있고 없음은 아무런 문제가 되지 않았습니다. 굳이 필요하지 않은 사실을 두고 긍정하거나 부정하지 않고 판단을 멈춘 것, 이것이야말로 참된 스승의 모습이 아닐 수 없습니다.

어느새 오십이 되었습니다. 하지만 여전히 이리저리 흔들리고 내 마음대로 판단하게 됩니다. 누군가가 나를 칭찬하면 히죽거리고, 누군가가 나를 비난하면 좌절하기도 합니다. 잘나갈 땐 거들먹거리고 상황이 안 좋아지면 금방 풀이 죽습니다. 본질이 아닌 것에 신경을 쓰느라 몸은 물론 감정도 소진되었습니다. 그 상태에서는 작은 상처에도 크게 상심하여 다시 일어날 생각조차 하지 못했습니다. 장자는 이런 저를 향해 이렇게 말하는 듯합니다.

"괜찮습니다. 정말 괜찮습니다. 세상의 진정한 도는 그 상처 하나로 인해 이루어지지 않는 게 아닙니다. 아무도 그 상처에 대해 뭐라고 하지 않을 겁니다. 무슨 말을 할 수 있겠습니까? 그건 그 사람이 스스로 벌을 받고 있음을 증명하고 있을 뿐이지요."

당신이 발이 하나 없는 신도가라면 스스로를 비하하지 않을 자신이 있나요? 없어도 괜찮습니다. 이제 우리는 신도가의 이야기를 읽고 변화할 준비가 되었습니다. 오십은 장자의 이야기를 지렛대 삼아 다시 일어서서 세상과 마주할 용기를 내도 충분히 좋을 때입니다.

자기중심적인 말과 시선을 삼갈 때
삶이 자유로워진다

내 생각을 내려놓을 때 비로소 내 존재가 드러나기 시작합니다. 내 생각을 잠시 접을 때 비로소 상대방의 존재도 드러납니다. 하지만 상대방의 말을 듣기보다는 나의 경험과 생각을 하나도 빼지 않고 말해야 직성이 풀리는 사람이 있습니다. 대화를 나누고 왔는데 내 이야기만 하다 온 것 같은 경험이 있지 않나요? 상대방의 말을 들어 주지 못하면 당연히 관계도 엉망이 됩니다.

우리는 말을 잘하면 상대가 쉽게 넘어오리라고 착각합니다. 하지만 실제로는 오히려 그 반대입니다. 사람은 자신의 말을 잘 들어 주는 사람에게 마음을 빼앗깁니다. 자기 말만 하는 사람에게 귀를 기울여 주는 사람은 세상 어디에도 없습니다. 그래서 필요한 것이 상대방을 있는 그대로 받아들이는 태도입니다. 오직 사람뿐일까요. 자신을 둘러싼 환경을 있는 그대로 받아들이는 것도 장자가 말하는 삶의 기술 중의 하나입니다.

이를 위해 그동안 쌓아 온 경험치를 내려놓는 것부터 시작하려 합니다. 매의 눈으로 상대방의 잘못을 파헤치기보다는 볼 필요가 없는 건 보지 않는 용기를 지니고 싶습니다. 장자가 극찬했던 신도가의 스승처럼 말이죠. 네, 그렇습니다. 굳이 볼 필요가 없는 것을 보지 않을 수 있을 때 우리는 어른이 됩니다.

장자가 가장 중요하게 생각한 것은 삶의 자유와 해방이었습니다. 옳고 그름을 초월하여 내 존재를 있는 그대로 깨달을 때 얻어지는 것이 자유이고 해방이라는 것이 장자의 생각이었습니다. 그렇다고 오로지 개인의 자유만을 강조한 건 아닙니다. 장자는 우리가 자유로워야 하는 이유를 세상과 관계 맺기 위해서라고 말했으니까요. 관계의 핵심은 타인에게 덕을 베푸는 데에 있습니다. 《장자》의 〈덕충부〉에서 말하려는 내용도 주로 이에 대한 것입니다.

장자가 꿈꾼 세상은 무엇이었을까요. 세상의 모든 사람이 서로 사랑하는 꿈을 꾼 건 아닐까요. 나를 사랑하고, 나와 다른 누군가를 사랑하는 따뜻한 모습일지도 모르겠습니다. 이것이 우리가 장자를 읽어야 하는 이유입니다. 저는 장자의 이야기를 읽으면 인생에 파도가 닥쳐오더라도 자기 인생의 중심을 지킬 수 있다고 생각합니다. 어려움이 있을 때 엉뚱한 사람에게 도움을 요청하다가 될 일도 안 되느니 검증된 스승인 장자에게 의지해 보면 어떨까요?

대단한 일을 하는 것보다
몹쓸 짓을 하지 않는 것이 낫다

자기 의견을 내세우기보다는 타인의 생각을 듣는다

未嘗有聞其唱者也 常和人而已矣
미상유문기창자야 상화인이이의

위나라에 아주 못생긴 사람이 하나 있는데 그의 이름은 애
태타입니다. 남자들이 그와 함께 지내면 곁에서 떠나지를
못하고 여자들이 그를 보면 부모에게 청하기를 "다른 사람
의 아내가 되느니 애태타의 첩이 되겠다"라고 하는데 그 숫
자가 몇 십 명으로 그치지 않는다고 합니다. 애태타가 자기
의견을 주장하는 걸 들은 사람 하나 없습니다. 그는 항상 다
른 사람의 생각에 동조할 뿐입니다.

衛有惡人焉(위유악인언) 曰哀駘它(왈애태타) 丈夫與之處
者(장부여지처자) 思而不能去也(사이불능거야) 婦人見之(부
인견지) 請於父母曰(청어부모왈) 與爲人妻(여위인처) 寧爲
夫子妾者(녕위부자첩자) 十數而未止也(십수이미지야) 未嘗有
聞其唱者也(미상유문기창자야) 常和人而已矣(상화인이이의)

내편〈덕충부〉中에서

상대방을 있는 그대로 인정하는 태도는《장자》전반에 걸쳐
절대 놓쳐서는 안 될 화두입니다. 나와 다른 사람을 있는 그대
로 인정하는 일은 얼핏 생각하면 너무나 당연해 보입니다. 하
지만 장자가 그토록 이 화두를 강조했던 이유를 생각해 보면
당연한 일이 일상에서 당연하게 이루어지지 않기 때문이 아닐
까 싶습니다.

다른 사람을 있는 그대로 인정하지 못하면 결국 돌아오는 건
후회입니다. 오십이 되기까지 생활을 꾸리느라 미처 타인을 인
정하는 마음을 갖지 못했을 수도 있습니다. 그러나 이제라도
준비해야 합니다. 이것은 일종의 융통성입니다. 어떤 상황에
처해도 유연하게 대응하는 역량을 갖추는 일이지요. 놓칠 수
없는 어른의 역량입니다.

세상의 변화를 인정할 수 있어야 합니다. 뭔가 대단한 것을 하려고 애쓰지 않아도 됩니다. 오히려 하지 말아야 할 것을 하지 않는 게 먼저라는 생각을 해 봅니다. 고집하는 태도를 내려놓을 수 있어야 합니다. 그러려면 타인을 인정하고 상황에 맞춰 나를 변화시키는 노력이 필요하지요.

나 자신도, 나와 다른 그 누군가도 있는 그대로 본다

저를 먼저 돌아봅니다. 저는 그동안 저와 생각이 다른 사람을 인정하기가 어려웠습니다. 어쩔 땐 나만 옳고 나만 정의롭다고 생각했지요. 다른 사람의 생각과 행동이 내 마음에 들지 않으면 '다름'이 아니라 '틀림'으로 받아들였습니다. 오십이 될 때까지 그 잘못을 끊임없이 반복했습니다. 부끄럽습니다. 다행히도 장자가 소개해 준 인물 애태타로부터 지금까지의 잘못을 고칠 계기를 마련할 수 있었습니다.

애태타는 중국 위나라에서 압도적으로 못생긴 남자였다고

합니다. 그런데 그의 인기가 현시대의 아이돌 뺨을 칠 정도였다고 합니다. 심지어 남자와 여자를 가리지 않고 인기를 독차지했다는군요. 애태타를 한 번이라도 만나 본 남자는 애태타의 곁을 떠나지 못했고, 그를 본 여성은 모두 부모에게 이렇게 말했다고 합니다.

"저는 아무리 잘난 남자가 있어도 다 필요 없습니다. 그냥 애태타의 두 번째, 아니 세 번째 아내라도 되겠어요."

도대체 애태타의 매력은 무엇이었을까요? 만나는 사람마다 비싼 음식을 사 주었을까요? 명품 옷과 화장품을 선물했을까요? 아닙니다. 남자와 여자를 가리지 않고 인기를 독차지했던 애태타의 비밀은 극히 단순했습니다. 그건 바로 자기 의견을 주장하지 않고 다른 사람의 생각을 따르는 태도였습니다.

수많은 남성과 여성을 울린 비결치고는 너무나 허망합니다. 그런데 생각해 보면 이것만큼 어려운 일도 또 없습니다. 최근 몇 년간 누군가가 당신의 주장을 있는 그대로 인정해 준 적이 있나요? 지위나 이해관계에 상관없이 오직 당신의 생각과 감정 그 자체를 말입니다.

오늘 만나는 누군가와 이야기를 나눈다고 해 봅시다. 그 사람이 당신이 하는 모든 이야기를 진심으로 공감해 줄 확률은 얼마나 될까요? 그 사람이 혹시 자신의 주장을 당신에게 강요하지는 않을까요?

애태타의 공감하는 투의 말과 행동은 인간관계에서 상처받은 수많은 사람에게 '당신은 존재만으로 옳다'고 이야기해 준 것과 같습니다. 존재만으로도 이 세상을 살아갈 자격이 있다고 말해 주는 사람이 있다면 저 역시 그의 매력에 푹 빠질 것 같다는 생각이 듭니다. 다시 저 자신의 욕망을 드러내는 것 같아 부끄럽긴 하지만 요즘 아이들 말로 '인싸', 즉 인기인이 되는 비결을 알아낸 것 같아서 마음이 설레네요. 그저 상대방의 말과 행동에 동조하는 것, 이거 하나만 잘해도 사람들과 잘 지낼 수 있다는 뜻이니까요. 그동안 왜 이걸 몰랐을까요.

부정하지 않고
강요하지 않는다

애태타 같은 사람, 또 없을까요. 가수 이승철의 노래 〈그런 사람 또 없습니다〉의 가사처럼 사랑이란 말을 굳이 안 해도, 그저 바라만 보면서, 아무것도 바라지 않으며, 웃어만 주는 그런 사람 말입니다. 그렇다면 우리는 설령 슬픈 일이 생기더라도 금세 다시 일어설 텐데 말입니다. 어쩌면 어른답게 나이 든다는 것은 애태타 같은 사람을 찾기보다 내가 누군가에게 애태타 같은 사람이 되어 주는 과정인지도 모르겠습니다.

소통을 생각해 봅니다. 소통하고자 하는 마음은 연결되고 싶은 욕망에서 비롯됩니다. 누군가와 함께 생각을 나누고픈 이유는 누군가로부터 이해받고 싶은 마음이 크기 때문입니다. 완전한 우연으로부터 인연을 만나는 '세렌디피티'를 기대하며 우리는 오늘도 타인과 관계를 맺습니다. 관계에서 바라는 점은 아마 나를 있는 그대로 바라봐 주는 상대방의 눈빛일 겁니다.

애태타는 상대방을 있는 그대로 바라볼 줄 알았습니다. 쉽게 판단하지 않았고 상대방이 보여 준 모습을 부정하지 않았습니다. 편견 없이 바라본 덕분에 상대방을 제대로 알 수 있었습니다. 상대방의 입장에서는 자신을 제대로 알아주는 애태타에게 열광할 수밖에 없었겠지요. 일종의 '선량한 무관심'이 애태타의 매력이었던 겁니다.

애태타가 처음부터 인기가 많지는 않았을 겁니다. 하지만 누군가가 애태타를 향해 동정의 눈길을 던지더라도 편안한 미소를 지으며 수용하는 애태타를 본다면 누구든 순식간에 애태타의 팬이 되었을 것입니다.

애태타의 태도는 자신과 타인 사이에 있는 높은 장벽을 허뭅니다. 오십이 되어서도 여전히 높은 장벽을 세우고 그것이 장벽인지도 모른 채 살기도 합니다. 그러므로 나의 모습을 꼭 되돌아봐야 할 것입니다.

'나처럼 해 봐'라고 말하는 사람보다는 '나와 함께 해 보자'고 말하는 사람에게 더욱 배울 점이 많습니다. 애태타는 여기에서 한 걸음 더 나아갑니다. '너, 괜찮아'라고 말이지요. 그는 상대방에게 자신의 의견을 강요하지 않고 어떤 사람과도 잘 소통할 수 있는 긍정의 힘을 깨달은 사람이었습니다.

애태타는 그저 곁에 있는 것만으로도 누군가에게 힘이 되었습니다. 대단한 선물을 주지 않아도 존재만으로 사람들의 마음을 끌어당기는 인물이었지요. 그러고 보면 사랑이 그리 어렵지만도 않은 듯합니다. 외로운 누군가의 곁에서 '아, 내가 혼자가 아니구나'라는 마음이 들도록 이야기를 들어 주면 되니까요.

이제 결론에 도달했습니다. 나 자신을 사랑하기 위해 다른 사람을 있는 그대로 받아 줄 것, 아무 말도 하지 않고 곁에 있어 줄 것, 그렇게 사랑을 실천할 것, 한번 해 보시겠습니까.

후배, 약자, 자식에게서
배울 점을 찾는다

"너는 정말 훌륭하다. 네 뒤를 따르겠다"

而果其賢乎 丘也請從而後也
이과기현호 구야청종이후야

안회가 말했습니다. "저는 얻은 바가 있습니다."

중니가 물었습니다. "무엇 말이냐?"

안회가 답했습니다. "저는 예악을 잊었습니다."

중니가 말했습니다. "좋다. 하지만 아직은 미흡하다."

(중략)

다른 날 또 안회가 말했습니다. "저는 얻은 바가 있습니다."

중니가 물었습니다. "무엇 말이냐?"

안회가 답했습니다. "저는 좌망하게 되었습니다."

중니는 놀라서 물었습니다. "무엇을 좌망이라고 하느냐?"

안회가 말했습니다. "손발 그리고 몸을 잊고 귀와 눈의 작용은 물리쳐서 육체를 떠나고 지식을 버림으로써 큰 도와 하나가 되는 것, 이것이 좌망입니다."

중니는 말했습니다. "도와 일체가 되면 좋아함이 없어지고 변화를 따르면 한결같음도 사라진다. 너는 정말 훌륭하다. 네 뒤를 따르겠다."

顔回曰(안회왈) 回益矣(회익의) 仲尼曰(중니왈) 何謂也(하위야) 曰回忘禮樂矣(왈회망예악의) 曰可矣(왈가의) 猶未也(유미야) … 他日(타일) 復見曰(부견왈) 回益矣(회익의) 曰何謂也(왈하위야) 曰回坐忘矣(왈회좌망의) 仲尼蹴然曰(중니축연왈) 何謂坐忘(하위좌망) 顔回曰(안회왈) 墮肢體(휴지체) 黜聰明(출총명) 離形去知(리형거지) 同於大通(동어대통) 此謂坐忘(차위좌망) 仲尼曰(중니왈) 同則無好也(동즉무호야) 化則無常也(화즉무상야) 而果其賢乎(이과기현호) 丘也請從而後也(구야청종이후야)

내편 〈대종사〉中에서

오십이 되면 정년퇴직, 해고, 노후 준비 등의 부정적 단어가 머리에 떠오르기 시작합니다. 그래서일까요? 오십을 두고 누군가는 수명을 다한 모래시계 같다고 말합니다. 다시 시작해 보려는 사람에게는 힘을 빼는 말이 아닐 수 없습니다. 하지만 그렇다고 절망에 빠지거나 성장과 멀어지라는 법은 없지요. 오십도 하루의 평온함을 즐길 권리가 있습니다. 그 속에서 그럴듯한 결과와 성장을 기대하는 것 역시 당연한 권리이고요.

오십에 진정으로 얻어야 하는 것은 일상의 평온함과 행복입니다. 갑작스레 다가오는 여러 가지 불편함은 잠깐의 역경입니다. 그러므로 잠깐의 역경을 어떻게 성장의 계기로 바꿀 수 있는가에만 집중해야 합니다. 물론 쉽지 않습니다. 나이가 들면서 그전까지는 당연했던 일들이 어떤 날에는 당연하지 않게 되어 버리는 경험을 수시로 마주하게 되기 때문입니다.

밥 한 끼를 먹더라도 다가오는 사람보다는 피하는 사람이 많습니다. 카페에서 커피 한 잔을 마시려고 해도 젊은 사람들의 눈치가 보입니다. 일터에서 집으로 돌아갔을 때 반겨 주는 이도 없고 모처럼의 주말에 불러 주는 사람도 없습니다. 예전에는 달랐습니다. 함께 밥 먹을 사람이 많았고, 마음껏 커피를 마셨으며, 집으로 돌아가면 아이들이 반겨 주었고, 주말마다 잡힌 약속으로 바빴습니다. 그 당연한 일상이 이제는 서서히 낯설어집니다.

존재감이 급격하게 하강 곡선에 놓이게 된 것 같습니다. 그 답답함과 마주하면 앞으로 어떻게 살아야 할지 난처하고 당황스럽습니다. 불편한 생활을 계속해야 할지도 모른다는 불안함, 남은 시간 동안 마주해야 하는 고통이 두렵습니다. 하지만 주저앉을 수는 없습니다. 지금부터 두 번째 인생을 살기 위한 준비를 시작해도 늦지 않았습니다. 어쩌면 앞으로의 삶이 이전의 그 찬란했던 경험보다 더 편안하고 가치 있을지도 모릅니다. 남은 인생을 위해 천천히 발걸음을 움직일 때입니다.

다만 이전의 것에 대한 욕망을 그대로 손에 쥔 채 발버둥 치는 모습은 세상이 바라는 모습이 아닐 겁니다. 움켜쥐기보다는 나누어 줄 수 있는 따뜻한 사람이 되었으면 합니다. 이를 위해서 필요한 것은 지금 여기에서 흔들리지 않고 세상을 바라보는 너그러움입니다. 이를 통해 오늘을 잘 살아가야 합니다.

사실 한창 일할 때는 몰랐습니다. 돈과 명예를 일단 얻기만 하면 모든 것이 용서가 된다고 착각했습니다. 그때는 가족을 위하기보다는 직장에서 필요한 존재가 되려고 애를 썼던 것 같습니다. 지금도 마음속에는 내가 치열하게 일했기 때문에 내 가족을 지켜 낼 수 있었다는 생각이 남아 있습니다.

하지만 이제 이런 악착같은 마음과 이별할 때가 되었습니다. 나이가 들수록 사회의 존경받는 어른으로 대접받고 싶은 게 사실입니다. 어떤 사람이든 나이가 들었을 때 '아직도 왜 저렇게 아등바등하지?' 혹은 '무슨 대단한 일을 하겠다고 가족은 내팽개치는 거지?' 같은 거친 시선을 받고 싶지는 않을 겁니다. 열심히 살아 보고자 노력했는데 이런 시선을 받으면 괴롭지 않겠습니까. 그렇다면 도대체 무엇을 갖춰야 존경받는 어른이 될 수 있는 걸까요?

스승도 제자를 따르게 만드는 힘, 좌망

장자가 혼란한 오십을 향해 주는 단어 하나가 있으니 바로 '좌망(坐忘)'입니다. 공자와 그의 제자 안회의 대화에서 안회는 좌망을 이렇게 설명합니다.

"손발 그리고 몸을 잊고 귀와 눈의 작용은 물리쳐서 육체를 떠나고 지식을 버립니다. 그러면 커다란 도, 대도에 이르게 됩니다."

대도라고 하니 뭔가 대단한 것 같습니다. 하지만 이는 사람이 마땅히 지켜야 할 바른 도리를 뜻합니다. 내가 나와 다른 사람과 함께하기 위해 지켜야 할 지침이며 나와 다른 누군가를 향해 나아가는 길, 세상을 살아가는 방법이 '도(道)'인 것입니다.

좌망은 유지(有知)의 추구가 아니라 무지(無知)에 대한 존중입니다. 그렇다고 해서 좌망이 수동적인 숙명론은 절대 아닙니다. 숙명론이 모든 것을 하늘에 맡긴다는 명목 아래 스스로 변화하지 않고 책임지지 않는 수동적인 의미의 수용이라면, 장자가 말한 좌망은 오히려 삶에 적극적이고 능동적인 수용이라고 할 수 있습니다. 이미 일어난 일을 가지고 누구의 탓을 하기보다는 이를 하늘의 뜻으로 알고 그 안에서 수용할 것은 수용하고, 배울 것은 배우라는 의미를 포괄하지요.

나이가 들수록 변화를 꿈꾸는 일은 매우 어려운 과제가 되어 갑니다. 이때 좌망을 염두에 두고 일상을 살아간다면 이 어려운 과제를 해낼 준비가 되었다고 볼 수 있겠습니다.

좌망을 한다는 건 일종의 '자기 비움'입니다. 비워졌으니 채울 수 있지요. 물론 비어 있는 채로 두는 것이 최적의 상태이지만 인간의 욕망은 무엇인가를 다시 채우고 싶어 합니다. 그게 속세를 살아가는 현실적인 모습이기도 하고요. 그렇다면 좌망하기 위해서는 무엇부터 해야 할까요? 정답은 단순합니다. 지금 당장 할 수 있는 것부터 시작하면 됩니다.

일단 하다 보면 정말로 자신이 하고 싶은 일이 무엇인지 확인할 수 있습니다. 하고 싶은 게 너무 많아서, 혹은 너무나 헷갈려서 아무것도 하지 않으면 결국 죽을 때까지 자신이 하고 싶은 일을 찾지 못할지도 모릅니다.

세상이 원하는 것이 아닌 나 자신이 진정 원하는 것을 찾고 싶다면 장자가 인용한 공자의 말에서 그 실마리를 찾아보십시오. 좌망을 화두로 제자 안회와 대화를 나누던 공자는 먼저 제자의 깨달음을 칭찬합니다.

"도와 일체가 되면 좋아함이 없어지고 변화를 따르면 한결같음도 사라진다. 너는 정말 훌륭하다."

칭찬에 인색하지 않은 스승의 모습이 아름답습니다. 하지만 놀라운 일은 바로 이어지는 말에서 벌어집니다. 동양 사상을 수천 년 동안 주름잡은 사상가 공자가 자신의 제자에게 이렇게 말했기 때문입니다.

"네 뒤를 따르겠다."

자기보다 어린, 자기보다 약한, 자기보다 아래의 사람을 진심으로 인정해 주는 것을 넘어 따르겠다고 합니다. 얼핏 쉬워 보이지만 실제로 우리 주변에서는 찾아보기 힘든 용기 중의 용기입니다. 과연 나는 나를 따르는 후배에게 배우고, 또 그것을 넘어 나의 부족함을 반성하고 그를 따르겠다고 말할 수 있을지 생각하게 되는 구절이었습니다.

잠시 제 이야기를 해 보겠습니다. 오십에 이르면 일상이 균형을 이루게 될 것이라 자부했습니다. 그동안의 고생이 드디어 보상받는다고 생각했지요. 그러나 시간이 지날수록 오히려 저의 부족함이 뼈저리게 느껴져 괴로웠습니다. 마치 당연한 행복이란 없다는 사실을 일깨워 주기라도 하듯이 당황스러웠고, 답답했고, 화가 났고, 좌절했습니다.

하지만 장자를 읽고 나서는 이런 마음을 내려놓게 되었습니다. 오십이 되어서도 부족한 건 죄가 아니라고, 부족한 부분을 알고 채울 수만 있다면 이것은 오히려 더 좋은 일상으로 가는 디딤돌이 될 거라는 위로를 받았기 때문입니다. 이 디딤돌을 만드는 가장 좋은 방법은 저보다 나은 사람, 삶의 본질에 혜안을 가진 분들에게 배우는 일이었습니다. 나이나 세상이 만들어 낸 지위의 고저와 관계없이 말입니다.

이제는 나에게 부족한 부분을 채우기 위해 어떤 사람이라도 스승으로 모시고 살아가려는 노력을 다하려 합니다. 열여섯 살 아들에게라도 배울 것이 있다면 배우겠노라고 다짐하면서 말입니다. 공자와 안회의 일화를 통해 알게 된 좌망, 그리고 자기보다 어린 사람도 기꺼이 따를 줄 아는 겸손함이 장자가 오십인 우리에게 원하는 삶의 자세가 아닐까요?

스스로를 돌아보면, 불가능하단 걸 알면서도 영원한 젊음을 꿈꾸었던 것 같습니다. 물론 불가능하니 차선책으로 경제적인 안정을 계속 영위하는 노년을 설계하기도 했습니다. 하지만 부와 명예를 모두 걸머쥐고 있어도 때로는 세상이 나와 거리를 두려는 모습을 직면하기도 합니다. 나이듦에 대한 인식 자체는

고통입니다. 이렇게 마음이 복잡할 땐 장자가 말한 좌망이 오
십을 다독여 줄 하나의 지침이 되지 않을까 합니다.

모른다고 말할 수 있는 사람은
지혜롭다

네 번 물었으나 네 번 다 모른다고 답하다

四問而四不知
사문이사부지

설결이 왕예에게 물었습니다. 네 번을 물었으나 네 번 다 모른다고 했습니다. 그러자 설결은 껑충 뛰고 매우 좋아하며 포의자에게로 가서 그것을 알렸습니다.

齧缺問於王倪(설결문어왕예) 四問而四不知(사문이사부지)

齧缺因躍而大喜(설결인약이대희) 行以告蒲衣子(행이고포의자)

내편〈응제왕〉中에서

오십이 되니 성급해집니다. 사회적으로 쓸모없는 '여분'의 존재가 되지 않을까 두렵기 때문입니다. 거기에 만사가 귀찮고 허무하게 느껴지는 무기력함도 뒤따라옵니다. 지금까지 최선을 다해 왔던 일들이 허무하게 느껴질 때면 인생에 회의감도 듭니다. 받아들이기 힘들 정도로 고통스러운 일입니다. 이도 저도 아닌 모습으로 표류하는 인간, 그게 보통의 오십이 겪는 현실적인 모습이 아닐까요. 이제 좀 행복해지고 싶은데 행복은 오히려 거리를 두고 멀어져 가는 듯합니다.

동남아시아의 한 도시로 이민을 해서 20년을 살았다는 분의 말씀이 기억납니다.

"이곳으로 온 지 20년이 되었습니다. 지난 20년을 생각해 보면 한 편의 드라마가 지나간 듯합니다. 다시 한국으로 돌아갈까 말까가 이 드라마의 가장 중요한 주제인 적도 많았습니다. 지금은 이 고민이 예전만큼 심각하지 않은 걸 보니 방황의 시간은 훌쩍 지나갔나 봅니다. 지금 생각해 봐도 정답은 없는 것 같습니다. 단, 이민 오기 전으로 다시 돌아간다면 이것만은 확실히 할 것 같습니다. 바로 내가 제일 행복해지는 선택을 하는 것입니다."

내가 제일 행복해지는 선택을 한다는 것은 오십에 주어진 새로운 과제입니다. 그렇다면 어떻게 행복해질 수 있을까요? 분명히 돈과 명예도 행복감을 높여 줄 겁니다. 하지만 변수가 너무 심합니다. 분 단위, 초 단위로 변하는 물질에 우리의 삶을 전적으로 의지할 수는 없습니다.

그동안 우리가 해 보지 못했던 경험을 찾아야 합니다. 변화를 있는 그대로 바라보고 또 호기심 가득한 마음으로 살아가는 쾌감을 누려 보자는 겁니다. 이때 필요한 건 '나는 모른다'는 마음가짐입니다. 나와 다른 그 무엇이 다가올 때 두 팔 벌려 환영하는 태도이지요. 몰라야 새로운 것을 수용할 수 있습니다. 받아들일 줄 알면 세상과의 화해도 가능해집니다.

아는 척하지 않는 사람이
존경을 받는다

《장자》의 내편 〈응제왕〉에는 요임금 시절의 전설적인 현자인 설결과 왕예라는 인물이 나옵니다. 설결이 자신의 스승인 왕예에게 무엇인가를 물어봤습니다. 한 번, 두 번, 세 번, 그리고 네 번을 물어볼 때마다 왕예는 모르겠다고 대답합니다. 그러자 설결이 껑충 뛰면서 지극히 좋아했다고 합니다. 그리곤 왕예의 스승인 포의자에게 가서 그 사실을 알립니다.

그런데 의문이 듭니다. 스승이 모르는 것이 제자가 그렇게 기뻐할 일인가요? 장자가 말하려는 것이 '스승이 나보다 모르네?'라고 생각하는 설결의 오만함일까요? 아닙니다. 설결은 스승의 '모름' 속에서 '참된 앎'을 깨달았기 때문에 기뻐했습니다. 우리가 아는 것은 결국 모른다는 사실뿐이라는 것을 알고 있는 왕예와 그런 왕예를 보고 기뻐하는 설결은 삶을 제대로 누리고 행복해지는 비결을 알고 있는 듯합니다.

오십의 우리는 각자 나름의 기준이 있고 그 기준대로 세상을 보는 것에 익숙합니다. 하지만 설결과 왕예는 알고 있었습니다. 자기 눈에 벗어난 사람을 바꾸지 않고 있는 그대로 두는 것이 편안하고 자연스럽다는 인생의 진리를 말입니다. 고유한 본성을 가지고 있는 만물을 보호하려는 마음이 있었기에 그들은 행복할 수 있었을 겁니다.

세상을 바라보는 자신만의 기준이 형성되면 눈이 멀고, 삶은 구속되며, 세상이 둘로 쪼개집니다. 사람들에게 나의 방식을 강요하면 결국 옳고 그름을 따져야 합니다. 그게 세상이 인정하는 도덕적 정의라고 할지라도 잣대가 하나면 필연적으로 시비를 따질 수밖에 없습니다. 그래서 우리는 설결과 왕예의 태도를 배워야 합니다.

제가 존경하는 직장 선배님이 있었습니다. 명예를 얻고 존경을 받으며 직장 생활을 하더니 결국엔 외국계 기업으로 스카우트되어 지금까지도 현역으로 일하고 있습니다. 동료들과 이야기를 나누다 보면 이 선배에게 세 가지 칭찬이 나오는 걸 알 수 있었습니다.

첫째, 책임을 지는 사람.

실제로 제가 이 선배에게 들은 말 중에 "일은 너희들이 하는 거야. 대신 그 일에 대한 책임은 온전히 내 거야. 그러니 마음껏 일해. 괜찮아"라는 말이 기억납니다. 위치에 알맞은 책임을 지려는 사람이었습니다.

둘째, 불필요한 일을 막아 주는 사람.

이 선배가 특히 싫어하는 게 굳이 해야 할 일이 아님에도 어쩔 수 없이 하는 일입니다. 사실 직장에서는 자기 입맛에 맞는 일만 할 수 없습니다. 그러니 불유쾌하고 불합리한 일도 수시로 마주하게 되죠. 이때 특별한 방어막이 없으면 고스란히 일하는 사람의 몫으로 돌아갑니다. 그리고 그 선배는 불필요한 일을 잘 막아 주었습니다. "하지 마. 이건 김 대리가 해야 할 일이 아니야. 누가 뭐라고 하면 나한테 전화하라고 해"라고 말하면서요.

마지막, 겸손한 사람.
자신의 지식을 뽐내지 않습니다. 이 선배는 회사의 지원으로 경영학 석사까지 마치고 나름대로 이를 정리하여 도서로 출간까지 한 저자였음에도 늘 낮은 자세로 사람들을 대했습니다. 혹시 잘 모르는 이야기를 할 때 단정적인 표현을 쓰지 않는 것도 특징이었습니다. "음, 이런 게 있는데, 정확하진 않으니 나보다 더 잘 아는 박 부장을 찾아가 보는 건 어떨까?"

세상은 참 넓습니다. 우리 주변을 바라보면 오십이 된 우리가 본받을 만한 설결과 왕예와 같은 분들이 분명히 존재하니까요. 제가 존경했던 선배 역시 설결과 왕에 못지않은 현대의 현자가 아닐까 합니다. 모른다고 말할 줄 아니까 말입니다. 이제 모른다고 말하는 것에도 익숙해지는 오십이 되기 위해 노력해 보겠습니다.

그냥 내버려 두지를 못해서
벌어진 대참사

하루에 하나씩 구멍을 뚫자 칠 일 만에 혼돈이 죽었다

日鑿一竅 七日而混沌死
일착일규 칠일이혼돈사

남해의 임금 '숙'과 북해의 임금 '홀' 그리고 그 가운데를 다
스리는 임금 '혼돈'이 있었습니다. 숙과 홀은 수시로 혼돈의
땅에서 만났는데 그때마다 혼돈은 숙과 홀을 잘 대접하였습
니다. 이에 숙과 홀은 혼돈에게 보답하고자 의논했습니다.

"사람은 누구나 일곱 구멍이 있어서 그것으로 보고 듣고 먹
고 숨을 쉬는데 혼돈에겐 그것이 없다. 그러니 우리가 구멍

을 뚫어 주자."

숙과 홀은 하루에 구멍 하나씩을 뚫습니다. 칠 일째 혼돈은
죽었습니다.

南海之帝爲儵(남해지제위숙) 北海之帝爲忽(북해지제위홀)
中央之帝爲混沌(중앙지제위혼돈) 儵與忽時相與遇於混沌
之地(숙여홀시상여우어혼돈지지) 混沌待之甚善(혼돈대지심선)
儵與忽謀報混沌之德曰(숙여홀모보혼돈지덕왈) 人皆有七竅
以視聽食息(인개유칠규이시청식식) 此獨無有(차독무유) 嘗
試鑿之(상시착지) 日鑿一竅(일착일규) 七日而混沌死(칠일
이혼돈사)

내편〈응제왕〉中에서

좋은 사람이 있습니다. 사랑하는 사람이 있습니다. 하지만
상대방을 그냥 두지를 못해서 파멸에 이르는 경우가 너무나 많
습니다. 왜 그렇게 되는 걸까요. 나와 다른 누군가를 만날 때
우리는 상대방을 있는 그대로 보기보다는 어떤 기대를 가지고
바라보게 됩니다. 이 기대는 결국 관계를 망치고 나서야 헛된

것임을 깨닫게 되지요. 관계를 위해서는 스스로의 기대를 접을 줄 아는 과감한 용기가 필요합니다. 내가 옳다고 생각했던 방식이 오히려 상대방에게 실망을 안겨 줄 수도 있으니까요. 함께 잘 살고 싶어서 했던 노력의 끝이 비극이라면 하소연할 곳도 없지 않겠습니까.

그냥 두지를 못해서
파멸로 향하는 비극

장자에는 유명한 일화가 많습니다. 그만큼 잘 알려진 용어도 많습니다. 심재(心齋), 조삼모사(朝三暮四), 호접몽(胡蝶夢) 등 수많은 이야기가 있지만 그중에서 저는 '혼돈'의 이야기가 가장 뼈아프게, 그리고 선명하게 와닿았습니다. 집의 가장이자 한 부서의 리더로 일했던 저에게 더욱 그러합니다.

철수와 영희가 있습니다. 그리고 철수와 영희가 사는 곳 중간에 범준이가 있습니다. 이들은 중간 지점에 사는 범준이네에 모여서 놉니다. 항상 범준이에게 신세를 지는 것이 미안한 철수와 영희는 어느 날 이야기를 나눕니다.

"우리가 범준이를 위해서 뭔가 해 줄 게 없을까?"

철수는 범준이에게 자신이 좋아하는 전자 담배와 술을 보냅니다. 영희는 범준이에게 자신이 좋아하는 게임기와 대형 텔레비전을 보냅니다. 그것도 부족하게 느꼈을까요. 매일 자신들이 좋아하는 자극적인 인스턴트 음식을 배달해 줍니다. 그리고 시간이 흘렀습니다. 평소 산책을 즐기며 세상과 소통하던 범준이는 언제부터인가 집안에 틀어박혀 온종일 게임을 하고 온종일 술을 마시고 온종일 패스트푸드를 먹었지요.

남해의 임금 '숙'과 북해의 '홀' 그리고 그 가운데를 다스렸다는 임금 '혼돈'의 이야기가 바로 이와 같습니다. 선의로 한 행동이 오히려 부정적인 결과를 낳았지요. 이런 경우는 우리 주변에서 얼마든지 찾아볼 수 있습니다. 부하 직원을 위하는 말이었는데 그것이 상대방의 마음에 상처를 준 일, 아이의 미래를 위해 공부를 독려했지만 오히려 아이의 마음에 좌절감을 주는 일 등이 모두 비슷한 상황입니다.

나름대로 사랑과 관심을 표현하는 방식이었지만 결국 부하 직원과 아이의 마음에 잔인하게 구멍을 뚫는 일이 되었습니다. 숙과 홀, 철수와 영희 모두 본질은 나쁜 사람이 아닙니다. 나름대로 친구인 혼돈과 범준이를 위해 노력했으니까요. 하지만 상대방에 대한 섬세한 관찰이 부족했습니다. 나의 기대대로 상대방을 바라보려는 태도는 상대방과의 관계를 망친다는 것을 기억해야 합니다.

불편함을 주지 않는
어른이 되려면

독서 모임에서 한 친구를 만났습니다. 마흔을 앞둔 그는 오십이 대다수인 이 모임에 잘 적응하고 있었습니다. 언젠가 그에게 비교적 연령대가 높은 이 모임에 거부감이 없는지 물었습니다. 그러자 그 친구는 이렇게 대답했습니다.

"여기 계신 분들은 자기 생각을 강요하지 않으세요. 그러니 저를 보여 주는 일이 두렵지 않고요. 나이가 많아서 불편하냐고요? 전혀요. 오히려 넓은 관점과 다양한 경험을 하신 분들과 만나는 자리가 저에게 성장의 기회가 되는 것 같아 좋습니다."

새삼 모임의 구성원들이 다시 보였습니다. 나이 든 사람이 자기 생각을 고집스럽게 유지하고 나이 어린 사람을 향해 훈계하는 것이 아니라 스스로 자기 생각을 비우고 다른 사람을 향한 선입견은 지운 채 조심스럽게 관계를 맺으려는 형님, 누님의 모습이 아름다웠습니다. 타인의 인생을 먼저 생각하면서 자기 인생의 주인이 되는 법을 아는 현명한 분들과 함께할 수 있어 감격스러웠습니다.

오십입니다. 이제는 깨달을 때가 되었습니다. 상대방의 의사와 무관하게 이루어지는 우리의 판단 혹은 추측은 악(惡)이 될 뿐이라는 것을 말입니다. '이거야말로 진정 그가 원하는 일일 거야!' 혹은 '당연히 그도 나의 말과 행동에 동의할 거야!' 등의 판단은 다른 사람을 향한 선입견을 만들 뿐 관계를 개선하는 열쇠일 수 없습니다. 자신의 마음에서 선입견을 비우지 못하는 한 소통하고자 하는 사람은 없을 것입니다.

바람이 얼굴을 스쳐 지나갑니다. 그 바람을 두고 생각해 봅니다. 따스한 봄바람이든, 서늘한 가을바람이든 모두 소중하다고 말이지요. 오십이라면 이제 자신에게 부는 바람 한 점도 소중히 받아들여야 합니다. '왜 이렇게 바람이 차가운 거야!'라고 판단하지 말고 '이제 봄이 오는구나' 하면서 계절에 맞춰 부는 바람을 아낌없이 즐기는 오십이 되어야 합니다. 사람을 향해서도 마찬가지입니다. 있는 그대로의 모습을 받아들이며 인위적으로 왜곡하려 들지 않을 때 오십은 오십다워질 것입니다. 그때 우리는 장자가 말하려고 한 꽤 괜찮은 사람이 될 수 있지 않을까요?

저에게는 장자가 인류 최고의 천재 중 한 명입니다. 재주만 믿고 세상을 향해 까불던 저에게 하지 말아야 할 것을 우회적으로, 하지만 명쾌하게 이야기해 주었지요. 저는 오십 대가 되면 대단한 일이 생길 줄 알았습니다. 하지만 오십 이전이나 지금이나 별다를 것이 없습니다.

여전히 욕심 많고 세상의 기대를 저버리기 힘듭니다. 그렇지만 장자를 읽으면서부터는 조금씩 욕망을 거두었습니다. 그리고 삶의 끝자락으로 향하는 과정에서 여유가 무엇인지 알게 된 듯합니다. 이제는 제 마음이 편안해지려면 무엇을 해야 하는지 생각합니다. 타인에게 상처를 주지 않으려고 노력하게 됩니다. 그렇게 좋은 어른이 되어 가는 것 같아 마음이 좋습니다. 이 모든 게 장자 덕분입니다.

3장

외로움 대신 성찰

혼자 됨을
두려워하지
않으려면

우리는 모두
성인이 될 수 있다

성인은 이름을 내세우지 않는다

聖人無名
성인무명

지인은 자기가 없고 신인은 공을 내세우지 않으며 성인은
이름을 구하지 않습니다.

至人無己(지인무기) 神人無功(신인무공) 聖人無名(성인무명)

내편〈소요유〉中에서

시간이 흐를수록 나아질 거라는 어떤 기대를 하는 게 어려워

집니다. 그래서일까요. 오십 대 중에는 유난히 악만 남은 사람이 많은 듯합니다. 백화점의 화장품 매장에서 이십 대 점원에게 갑질을 하던 백발의 여성도, 젊은이로 가득한 카페에서 큰 소리로 자신의 정치색을 적나라하게 밝히던 중년의 남성도 알고 보면 모두 오십이었습니다.

멋진 어른이 되고 싶지만 마음처럼 쉽지가 않습니다. 그런 우리를 위해 이미 오래전 오십을 겪은 인생 선배를 소개하고자 합니다. 작가 레프 톨스토이는 오십에 접어들면서 고골이나 푸시킨, 셰익스피어보다 더 유명해지고 싶다는 마음이 가득했다고 합니다. 《전쟁과 평화》,《안나 카레리나》 등 불후의 명작을 써 내려가며 러시아의 대문호로 칭송받던 무렵에도 말이지요. 더는 이를 데가 없는 최고의 자리에 올랐음에도 끝없는 그의 욕망이 어쩐지 낯설지가 않습니다.

톨스토이는 곧 무기력과 절망에 빠졌습니다. '내가 어찌 셰익스피어가 될 것이냐?'는 목표에 대한 의문과 '셰익스피어보다 더 이름을 날린들 그게 무슨 의미가 있느냐?'는 보다 고차원적인 고민 때문입니다. 이에 대한 답을 찾지 못했던 그는 명성과 인기도 다 부질없다고 생각하며 삶의 의미를 잃은 채 자살 충동에 시달리게 되었습니다. 아쉽습니다. 그가 《장자》를 읽었더라면 이런 고민은 하지 않을 수도 있었을 것이라는 생각이 들기 때문입니다.

타인과 잘 어울리고 싶다면
이름을 내세우지 말 것

장자는 최고의 인간 유형을 세 가지로 나눴습니다.

첫째는 지인(至人)입니다.

덕이 극치에 이른 사람을 말합니다. 지인의 특징은 자기가 없다는 것입니다. 오상아(吾喪我), 즉 '나는 나를 잃어버렸다'와도 일맥상통하는 말이죠.

둘째는 신인(神人)입니다.

신과 같이 숭고한 사람입니다. 장자는 신인이 되는 조건으로 단 하나를 말했습니다. "자신의 공(功)을 자랑하지 않는다." 내가 쌓은 공을 내세우지 않으면 된다고 하니 신처럼 숭고한 사람이 되는 것이 생각보다 쉽게 느껴집니다. 한편으로는 얼마나 많은 사람이 자신이 세운 공을 자랑하지 못해서 안달이 났으면 장자가 이런 말을 했을까 하는 생각도 듭니다.

마지막은 성인(聖人)입니다.

우리가 제대로 도전해 볼 만한 인간 유형이지요. 성인이란 누구인가요. 지혜와 덕이 뛰어나 본받을 만한 사람을 말합니다. 장자가 말한 성인의 조건은 쉽습니다. 단지 내 이름을 알리려고 애를 쓰지 않는 것만으로 우리는 성인의 반열에 오른다고 합니다.

지인이 되기 위해서는 '나 자신의 없음'을 깨달아야 하며, 신인이 되기 위해서는 그 어떤 공적도 내세우지 않을 수 있어야 한다는 점을 고려하면 성인은 현실적으로 도달 가능한 지점이라는 생각이 듭니다. 예수님, 부처님, 성모 마리아처럼 되지 않더라도 '이름을 구하지 않음' 하나면 충분하다고 했으니까요

나와 다른 타인과 아름다운 관계를 맺고 싶다면 그동안 오로지 내 방식만 고집하던 나의 모습을 반성해야 합니다. 지금까지 그렇게 살아왔다면 조금씩 고쳐서 개선해 나가야 합니다. 그 과정의 핵심 과제는 '나의 이름을 구하지 않음'이라는 점, 잊지 마십시오.

내 이름을 내세우지 않을 준비가 되었다면 이제 필요한 것은 미소와 약간의 노력뿐입니다. 그러면 자연스럽게 환영받는 사람으로 거듭날 수 있습니다. 생각해 보면 진작 왜 이런 일을 하지 못했는지 후회가 되기도 합니다. 잘난 척하지 않고, 상대방을 따뜻하게 맞이해 주는 것만으로도 성인(聖人)이 될 수 있었는데 말입니다.

이렇게 말하는 저 역시 제 이름이 힘을 잃을까 두려웠고 어느 순간 사라질까 두려웠습니다. 이름뿐인가요. 돈이든, 명예든 뭐든 쥐고 있는 것이라면 마찬가지였습니다. 무엇인가를 놓쳐 버렸을 땐 먼저 그 상황을 부정하고 분노했습니다. 그러다 어쩔 수 없이 타협하고 다시 절망하고 그렇게 억지로 받아들이는 것이 제가 할 수 있는 전부였습니다. 그렇게 지쳐 버렸던 것이지요.

잃어버린다는 건 고통스러운 일입니다. 사실 잃는 것보다 잃어버릴지도 모른다는 불안감이 더욱 힘이 듭니다. 이것은 앞으로 있을지 모를 미래에 대한 불안감을 더욱 증폭시킵니다. 그래서일까요. 오십에 이르기까지 얼마나 많은 폭탄주를 마시며 현실을 외면하려고 발버둥 쳤는지 모르겠습니다. 자신감이 없으니 타인의 말로 자신을 인정받으려 했고, 내 이름을 알리려고 했고, 그러니 또 타인의 반응에만 온 신경을 집중했습니다. 자신에 대한 애정은 관심 밖이 되어 버린 이 악순환의 고리를 이제는 끊을 때도 되지 않았나 싶습니다. 나를 사랑해야 하는 시간이 왔습니다. 나를 사랑하는 방법을 찾아내야 합니다.

이제는 제대로 말하고 또 제대로 행동할 수 있습니다. 내일이 오지 않더라도 오늘을 후회하지 않도록 말입니다. 무심코 흘려보낸 나의 시간과 세월을 소중히 여기며 살아가는 것의 기쁨을 알아가고 있습니다. 장자가 말했듯이 내 이름을 드러내려 하지 않으면서 말이지요. 저도 언젠가는 인간계에서 도달할 수 있는 최고의 인간 유형인 성인이 되어 보고 싶습니다.

성인군자도 물고기에게는
한낱 성가신 존재일 뿐이다

절세 미녀인 모장과 서시를 본 물고기, 저 물속 깊이 숨다

毛嬙西施 人之所美也 魚見之深入
모장서시 인지소미야 어견지심입

모장과 서시를 두고 세상 사람들은 미녀라고 칭송합니다. 하지만 그들을 본 물고기는 물속 깊이 달아나고 새는 하늘 높이 날아오르며 순록과 사슴은 결사적으로 달아납니다. 물고기와 새, 순록과 사슴 이 넷 중 누가 천하의 아름다움을 안다고 할 수 있겠습니까?

毛嬙西施(모장서시) 人之所美也(인지소미야) 魚見之深入(어

견지십입) 鳥見之高飛(조견지고비) 麋鹿見之決驟(미록견지

결취) 四者孰知天下之正色哉(사자숙지천하지정색재)

내편〈제물론〉中에서

나이가 들수록 겉모습은 예쁘지 않아도 태도만이라도 예쁜
사람이 되고 싶습니다. 지금의 세상을 이끌어 가는 젊은 세대
에게 잘 보이고 싶은 마음도 듭니다. 압니다. 오십에 이르는 동
안 담담하게 쌓아 온 경험의 무게를 다른 사람도 거리낌 없이
받아들이기 어렵다는 것을요. 그래서 더더욱 겸손해지고 싶습
니다. 사실 겸손해져야 다른 사람과 함께할 수 있고 살아남을
수 있는 법이지요.

관록 있는 경험이나 지혜는 이제 인터넷 검색창이나 유튜브
의 알고리즘에서 쉽게 찾아볼 수 있습니다. 그러다 보니 좋은
마음으로 오십의 경험을 내세우더라도 반감을 사는 경우도 있
습니다. 그래서 차분하게 다가가고 싶습니다. 나와 다른 타인,
그리고 젊은 세대에게 말입니다. 하지만 그들의 입장에서는 먼
훗날의 이야기를 쉽게 받아들이기 어려울지도 모릅니다. 그래
서 오십이 되면 더욱 조심한 태도가 필요합니다.

영화 〈공공의 적〉에 이런 대사가 있습니다. 경찰이 서민을 괴롭히는 깡패를 제압하여 무릎을 꿇린 후 다음의 말을 복창하게 합니다. "깍두기는 깍두기 세계에서 산다. 깍두기는 절대 민간인 세계로 넘어오지 않는다." 참고로 깍두기는 소위 깡패를 지칭하는 은어입니다. 사이다 같은 장면이었습니다. 그런데 혹시 그거 아시나요? 요즘 젊은 세대가 오십을 보고 이와 비슷한 생각을 한다는 것 말입니다.

"오십은 오십의 세계에서 산다. 오십은 절대 청춘의 세계로 넘어오지 않는다."

어떻게 이런 생각이 그들의 마음에 자리하게 된 걸까요? 오로지 오십의 책임입니다. 세상과 마주할 준비가 제대로 되어 있지 않은 상태에서 나온 헛발질이 문제의 시작인 겁니다. 삶은 관계입니다. 그리고 관계의 대상은 나와 다른 누군가이지요. 하지만 우리는 그 누군가를 인정해 주기가 어렵습니다. 상대방의 감정이나 생각을 인정하기보다는 나의 생각과 편견으로 상대방을 옭아매려 합니다. 그러니 그들이 도망갈 수밖에요. 쫓아가는 오십을 저 멀리 뒤로하고 말입니다.

그렇다면 어떻게 해야 할까요? 장자가 들려준 절세 미녀 모장과 서시의 이야기를 통해 인간관계의 열쇠를 생각해 보면 좋겠습니다.

'개통령'이 알려 준 관계의 핵심, 간식 없이 다가서지 말 것

모장과 서시라는 이름을 지닌 아름다운 여인이 있습니다. 사람들이 입을 모아 절세의 미녀라고 말하지만 이들을 아름답다고 하는 건 오직 사람뿐입니다.

"절세의 미녀를 보고 연못 속 물고기가 달려들기나 할까? 아니다. 물속 깊이 달아난다."

장자의 말입니다. 재밌는 비유이지요. 물고기뿐인가요? 새도, 사슴도 마찬가지입니다. 모두 달아나기 바쁩니다. 물고기, 새, 사슴에게는 천하의 미녀도 그저 평화를 방해하는 귀찮은 존재일 뿐입니다. 저는 장자의 생각에 전적으로 동의합니다.

장자는 이 가벼운 이야기를 통해 누군가를 사랑하는 법과 세상과 관계를 맺는 법을 가르쳐 줍니다. 일명 '사랑하는 사람을 사랑하는 법'이라고 할까요.

저는 장자의 이야기를 통해 두 가지를 깨달았습니다.

첫째, 사랑하는 사람을 변화시키려 하지 말 것.
사랑하는 누군가를 내가 사랑하기 쉬운 상태로 만드는 것보다는 나 자신을 상대방이 사랑할 수 있는 사람으로 만들어야 한다는 것입니다.

둘째, 사랑받을 가치가 있는 사람으로 변화하기 위해서는 일종의 '간식'이 필요하다는 것.
우리는 물도 마시고 밥도 먹어야 하지만 때로는 간식도 필요합니다. 상대방에게 원하는 것을 적절하게 줄 수도 있어야 하지요. 만약 모장과 서시가 물고기, 새, 사슴에게 먹이를 들고 접근했다면 어땠을까요? '개통령'이라 불리는 동물 훈련사 강형욱 씨가 반려견을 훈련할 때 빠지지 않고 등장하는 것이 간식입니다. 그는 간식을 적절하게 활용해서 말썽 많던 반려견을 순식간에 순하게 만듭니다. 인간관계도 마찬가지입니다. 우리도 누군가와 잘 지내기 위해 간식을 손에 쥐고 있어야 하지요. 일종의 선물입니다. 그 선물은 유형적인 것도 있고 무형적인 것도 있습니다. 유형적인 것에는 부모님을 향한 안마 의자도 좋고, 배우자에게 건네는 장식품도 좋습니다. 아이들에게 들고 가는 아이스크림 세트도 좋고요.

하지만 이보다 더 주기 쉬운 무형적인 선물도 있습니다. 힘들어하는 누군가의 곁에 함께 있어 주고, 사랑하는 사람이 원하는 애정 어린 말을 해 주는 것입니다. 유형의 간식과 무형의 간식을 적절하게 활용할 줄 안다면 우리는 상대방에게 성가시지 않고 함께하고 싶은 인물이 될 수 있지 않을까요? 사람이든, 물고기든, 새이든, 또는 사슴이든 상관없이 말이지요.

누군가에게
성가신 존재가 되지 않으려면

오십이 되니 관계가 고민됩니다. 다가오는 사람은 없고 멀어지는 누군가만 눈에 밟힙니다. 그동안 받았던 사람들의 미소와 친절이 알고 보면 나로부터 무엇인가를 얻어 내기 위한 거짓 웃음이자 거짓 배려였을지도 모르겠다는 생각이 듭니다. 한편으로는 안심도 됩니다. 이제부터는 이런 관계를 통해 나 자신을 되돌아보게 되었다는 점에서 안도의 한숨을 내쉴 수 있게 되었으니까요.

나이 오십입니다. 누군가에게는 거부감의 대상이 되는 시기가 되었습니다. 이때부터는 몸집을 키우는 게 아니라 가진 것을 줄여 여백을 만들어야 합니다. 여유 없이 빽빽하게 채워진 모습을 보면 쉽사리 다가가기가 어렵습니다. 여백을 어떻게 만들어야 할지 모르겠다면 자신에게 필요 없는 부분을 깎아 내는 일부터 시작하면 됩니다. 앞으로의 시간은 사랑하는 사람과 함께 자연을 즐기며 여유롭게 보내 보자는 겁니다.

텅 빈 사람이 되십시오. 다른 사람이 오십인 우리의 전후좌우를 편안하게 다닐 수 있도록 여유를 가져야 합니다. 삶을 긍정적으로 바라보고 나와 다른 누군가에게 웃어 주십시오. 관계가 지루하다면 그건 상대방이 아니라 나 자신이 지루한 사람일 가능성이 큽니다. 관계에 문제가 있다면 상대의 문제가 아닌 나 자신의 문제일 가능성도 크고요. 관계의 중심은 오로지 나 자신입니다. 상대방은 나를 비추는 거울일 뿐입니다.

오십 이후의 시간은 뚜벅뚜벅 용기 있게 걸어 나가고 싶습니다. 그렇다고 독단적인 삶을 원하는 건 절대 아닙니다. 오히려 세상과 더욱 하나가 되어 평화로운 시간과 장소에 살고 싶습니다. 그러기 위해서 누군가에게 다가서는 우리의 모습은 어떤지 확인해 보는 게 어떨까요. 아무리 돈이 많고, 명예가 높으며, 외모가 대단해도 절세미인을 바라보는 물고기의 시선처럼 아무런 소용이 없을지도 모르니까요.

나이 오십이 되면
자신의 지혜에 책임을 져야 한다

삶에는 끝이 있지만 알아야 할 것에는 끝이 없는 법

吾生也有涯 而知也無涯
오생야유애 이지야무애

우리들의 삶은 언젠가 끝이 있습니다만 세상의 지혜는 끝이 없습니다. 우리에게 주어진 유한한 시간 동안 끝도 없는 지식을 추구하다 보면 오직 위태로울 뿐입니다. 이미 위태로운데도 불구하고 여전히 스스로 안다고 생각하니 더욱 위태로울 뿐입니다.

吾生也有涯(오생야유애) 而知也無涯(이지야무애) 以有涯隨

無涯(이유애수무애) 殆已(태이) 已而爲知者(이이위지자) 殆
而已矣(태이이의)

내편〈양생주〉中에서

"나이가 마흔이 되면 자기 얼굴에 책임을 져야 한다."

미국 전 대통령 에이브러햄 링컨의 말이라고 합니다. 궁금합
니다. 왜 오십에 대해서는 별말을 하지 않았던 걸까. 링컨으로
빙의해서 말해 본다면 이런 말이 생략되지 않았을까 합니다.

"나이가 오십이 되면 자기 지혜에 책임을 져야 한다."

링컨은 마흔의 얼굴이 자신의 사회성을 반영한다고 말했습
니다. 실제로 사람들은 '표정 관리'라는 말을 씁니다. 마흔이 되
었음에도 작은 일 하나에도 표정을 관리하지 못한다면 나잇값
을 못 한다는 뜻일 겁니다. 나아가 오십이 되었음에도 여전히
자신의 지혜를 제대로 책임질 줄 모른다면 어떨까요.

지혜란 무엇일까요? 세상을 향해 열린 마음으로 배우며 결과
가 아닌 과정을 즐길 줄 아는 힘입니다. 하지만 어떤 사람은 나

이를 먹으면서 점점 배우려 하지 않습니다. 나와 다른 것을 향한 막연한 두려움을 느끼는 우리의 모습이 보이는 듯합니다. 다양한 삶을 접해야 관계도 잘 맺을 수 있는 법입니다. 그러나 자신만의 신념에 갇혀 있다면 여전히 무언가에 얽매인 삶을 살아가고 있는 겁니다.

내가 옳다는 생각이
오십 이후의 삶을 갉아먹는다

"우리에게 주어진 유한한 시간 동안 끝도 없는 지식을 추구하다 보면 오직 위태로울 뿐입니다. 이미 위태로운데도 불구하고 여전히 스스로 안다고 생각하니 더욱 위태로울 뿐입니다."

장자는 끝없는 지식을 추구하는 것보다 열린 마음으로 배워나가는 태도가 훨씬 더 중요하다고 말합니다. 그 이유는 삶의 유한성에 있을 겁니다. 끝이 없는 세상의 지식을 무작정 추구하는 건 순간의 삶을 살아가는 인간에게는 버거운 싸움입니다. 정말 알아야 할 것은 무시하고, 이미 알고 있다는 편협한 마음으로 산다면 삶은 퇴보할 수밖에 없습니다.

배우고 싶은 욕망을 억누르라는 뜻은 아닙니다. 배움 역시 오십이 추구해야 할 소중한 과제이니까요. 하지만 배워서 안다는 이유로 함부로 상대방을 평가하고 비난하지는 말아야 합니다. 내가 옳다는 생각은 이제 멈추십시오. 그동안 내가 옳다는 고루한 생각으로 주변의 수많은 사람을 괴롭혀 왔으니 이제는 '나는 맞고, 너는 틀리다'는 마음가짐을 내려놓기 바랍니다. 이를 간과하면 고립의 시간과 공간에 갇히게 됩니다.

관계가 엉망이 되고, 아무도 찾지 않는 외톨이가 되고 나서야 후회하는 실수를 범하지 말아야 합니다. 솜털만치 가벼운 경험과 얕기 이를 데 없는 지식으로 세상에 맞서려는 무모함을 거두어야 합니다.

세상과 시시비비를 가리느라 맑고 밝은 우리의 에너지를 소모하는 일은 이제 그만하십시오. 사실 저도 후회합니다. 내가 옳다는 생각이 저 자신을 갉아먹고 있었음을 진작에 깨달았다면 좋았을 텐데요. 오랫동안 '나와 너는 다르다'고 선을 긋고 그게 스스로의 정체성을 지키는 유일한 방법이라고 착각했습니다. 지금까지 내가 다른 사람보다 우월하다는 것을 알리는 데 시간을 바쳐 온 겁니다.

누구보다 더 나은 삶이란 없습니다. 당연히 정해진 답도 없고요. 그러니 당장 해답을 찾으려고 하기보다는 지금 내가 주변과 잘 소통하고 있는지, 행복을 느끼고 있는지, 좀 더 욕심을 내자면 타인에게 어떤 배려를 하고 있는지를 스스로에게 묻는 것이 낫습니다. 이런 여유로운 마음을 가진다면 세상이 오십이 된 우리에게 다시 함께하자는 손길을 내밀 것입니다.

조금 늦었지만 이제 아는 척만 하지 않아도 세상과 잘 지낼수 있음을 깨닫습니다. 사십에는 얼굴에 책임을 져야 했다면 오십에는 자신의 지혜에 대한 책임도 함께 져야 함을 알게 되었습니다. 그 덕분에 내가 아는 것이 세상의 전부인 양 착각하는 우매함을 깨닫고 더 위태로운 삶으로의 행진을 멈출 기회를 얻었다고 생각합니다.

모든 것은
있어야 할 자리에 있을 뿐이다

'천천히'라는 말을 기억했으면 합니다. 세상을 바라볼 때, 그리고 스스로를 바라볼 때도 가능한 한 천천히 보면 좋겠습니다. 모든 것은 있어야 할 자리에 있을 뿐이라는 사실을 인정하면 좋겠습니다. 지식에는 끝이 없지만 삶은 유한하다는 점을 받아들이는 것이야말로 지혜롭게 사는 방법일 겁니다. 나와 다른 누군가를 있는 그대로 인정하는 것은 삶에 꼭 필요한 태도이니까요.

저는 중학생 때 교회를 다녔습니다. 고등학생 때는 다른 종파의 교회를 다녔습니다. 대학생 때는 갑자기 무신론자가 되었고 성인이 되어서는 성당을 다녔습니다. 그리고 한때 불교를 공부하기 위해 대학원에 진학하기도 했습니다. 예수님, 성모 마리아님, 부처님 모두 매력적인 분들이었습니다.

오십이 되자 깨닫게 된 사실이 있습니다. 이분들은 교회, 성당, 절에만 있지 않았습니다. 우리가 사는 바로 지금 이곳에 살아 숨 쉬고 있었습니다. 치열하게 살아가는 바로 지금 여기 일상 속에서 말이지요. 이분들은 자신의 생각과 반대되는 것을 인정하고 또 긍정했습니다. 자신의 지혜를 고정불변한 것으로 보지 않고 일상에서 만나는 모든 사람과 사물에 열려 있었습니다. 자기의 의견만을 끝까지 주장하는 고집불통이 아니라 세상의 모든 것, 특히 약하고 못나고 버림받은 것들까지 품고 애정 어린 눈으로 바라볼 줄 알았기에 수천 년이 흐른 지금까지도 인류의 스승으로 인정받고 있습니다.

오십에 이르기까지 저는 늘 주먹을 꽉 움켜쥔 채로 살았습니다. 하지만 이제는 압니다. 이제 그 주먹을 펼 때가 되었다고요. 행복은 내 삶을 완벽하게 만들 때가 아니라, 있는 그대로 받아들일 줄 알 때 생긴다는 점도 어렴풋이 깨닫습니다. 장자가 우리에게 이야기하려고 한 것처럼 스스로 안다는 생각을 버리기만 해도 한결 가볍게 삶을 즐길 수 있지 않을까요. 삶에는 끝이 있지만 지혜에는 끝이 없습니다. 이것을 받아들이면 우리는 좀 더 겸손해질 수 있겠습니다.

이름을 알리고자 하는 욕망이
덕을 흔들리게 만든다

서로를 미워하게 하는 명예와 경쟁하게 만드는 지식은
사람을 위협하는 두 개의 흉기다

名也者 相軋也 知者也 爭之器也 二者凶器
명야자 상알야 지자야 쟁지기야 이자흉기

덕(德)은 명성을 좇느라 흔들리고 지식(知)은 다투면서 드러
나게 됩니다. 명성이란 건 결국 서로를 반목하게 만들고 이
로 인해서 다툼이 일어날 지식이 도구로 이용됩니다. 명성
을 좇는 것 그리고 지식을 다투는 것, 이 두 가지는 흉기와도
같습니다.

且若亦知夫德之所蕩(차약역지부덕지소탕) 而知之所爲出

乎哉(이지지소위출호재) 德蕩乎名(덕탕호명) 知出乎爭(지출
호쟁) 名也者(명야자) 相軋也(상알야) 知者也(지자야) 爭之
器也(쟁지기야) 二者凶器(이자흉기)

내편〈인간세〉中에서

덕(德)이란 무엇일까요. 나와 다른 것도 기꺼이 수용하는 태
도가 아닐까요. 지금 내 곁에 있는 사람과 사물, 생명과 환경을
소중히 여기고 대하는 것입니다. 너무나 당연한 태도가 덕이라
는 거창한 이름을 하고 있어 의아하지만 한편으로는 그런 태도
의 어려움이 막연하게 느껴집니다.

아울러 제가 그동안 덕을 얼마나 지켜 왔는지를 돌아보면 부
끄러운 마음이 가득해집니다. 나와 다른 사람에게 나의 경험을
강요했던 몰지각한 기억이 떠올랐기 때문입니다. 솔직히 젊었
을 때는 남보다 더 알고 싶었고, 남보다 더 이름을 알리고 싶었
습니다. 그렇게 다른 사람보다 앞서려 했고, 앞서기도 했으며,
그러다 뒤처지면 상심하기도 했습니다. 그게 인생인 줄 알았습
니다.

하지만 그게 덕스러운 일이 아니라는 걸 이제야 깨닫습니다.
엉뚱한 욕망에만 관심을 두었던 이전의 생각들과 이별할 때가

되었음을 이제는 압니다. 어떻게든 중심에 서 있으려는 욕심을 버리고 중심에 있어야 마땅할 사람에게 응원을 보내는 사람이 되어야 한다고 다짐합니다. 이름을 날리려는 욕망, 지식이 있다고 다투려는 마음과 이제는 이별할 때입니다. 오십이라는 나이는 그렇습니다.

노 오십 존(No 50 Zone)을
받아들이는 법

영유아와 어린이의 출입을 금지한다는 뜻의 '노 키즈 존'이란 말, 들어봤을 겁니다. 그렇다면 '노 교수 존'이라는 말을 들어본 적이 있으신지요. 대학 교수들의 방문을 거부하는 곳에서 쓰는 용어라고 합니다. 부산의 한 대학교 인근 술집에서 '노 교수 존'을 내세운 공지문이 흥미롭습니다.

No Professor Zone

대단히 죄송합니다.

다른 손님들의 편안한 이용을 위해 ○○대학교 교수님들은 출

입을 삼가 주시길 부탁드립니다.

혹시 입장하신다면 절대 큰소리로 신분을 밝히지 않길 부탁드립니다.

저는 성경도 공부해 봤고 불경도 읽어 봤지만 그 어떤 경전보다도 이 몇 줄의 글이 오십인 저에게는 뼈아프게 다가왔습니다. 도대체 이 공지문이 붙은 이유는 뭐였을까요?

2021년 12월 20일 〈머니투데이〉 뉴스에 따르면 황 씨의 가게를 찾는 손님은 대부분 이십 대 중후반인 대학생, 대학원생이나 삼사십 대 강사였다고 합니다. 종종 방문하는 중장년층의 고객은 소위 진상을 부리는 이들이 많았고, 가게에 무리한 요구를 하기도 했지요. 그래서 황 씨는 가게 주인으로서 정한 규칙과 예의를 손님들이 따라 주기를 바랐다고 합니다.

차별을 조장했다는 점에서 '노 교수 존'을 붙인 자영업자 황 씨의 행동은 비난받을 수 있습니다. 하지만 그 모든 것을 떠나서 오십이 된 저 자신을 향해 먼저 물어봅니다. 나는 과연 어떤 사람이었던가? 아니, 지금 어떤 사람인가? 부끄럽습니다. 공지문에서 말하는 사람이 바로 제가 아니었나 하는 생각에 이르렀기 때문입니다.

저는 정규직으로 직장 생활을 해 왔습니다. 되돌아보니 그것이 대단한 신분인 양 오만한 태도를 보인 적도 많습니다. 상대방이 내가 누군지 몰라주면 목소리를 키웠습니다. 스스로 누군지를 밝히고 그걸 인정해 줄 때까지 생떼를 쓰기도 했습니다. 그렇게 살아온 시간이 꽤 됩니다. 이 글을 쓰는 지금도 어쩌면 그 생각과 태도를 버리지 못한 건 아닌지 의심이 듭니다.

"명성은 서로를 반목하게 만들고 지식은 다툼의 도구가 됩니다. 명성을 좇는 것과 지식을 다투는 것, 이 두 가지는 흉기와도 같습니다."

장자는 우리에게 내가 행한 말과 행동이 자칫하면 흉기가 되어 나를 찌를 수 있다는 사실을 담담하게 이야기하지요. 덕(德)이 있다고 명성까지 얻으려 하지 말고, 지식(知) 좀 있다고 타인과 다투면서 자신을 드러내지 말라고 말합니다. 명성과 지식이 부정적인 결과를 부를 수도 있다는 점을 알아야 한다고 강조합니다.

명성을 좇고, 지식을 다투다 보면 결국 누군가로부터 출입 금지를 당하는 신세에 이른다는 말일 겁니다. 저로 예를 든다면 누군가가 '노 김범준 존'을 만들 수 있는 것이지요. 이제는 멈춰야 합니다. 자신의 명성이 드러나지 않음을 아쉬워하는 것, 지식이 있다고 해서 누군가와 그 깊고 넓음을 다투려고 하는 것, 이 두 가지를 말입니다.

명예와 지식이
우리를 다치게 하지 않으려면

오십 그리고 육십, 칠십의 삶은 하늘이 우리에게 준 축복인 동시에 저주일지도 모르겠습니다. 나이가 들수록 사회의 불필요한 잉여가 된 듯한 기분이 느껴지기도 하니까요. 다 쓰고 난 나머지의 삶, 더는 쓸모가 없는 불필요한 사람 말입니다. 오십을 위한 공간은 도시에서 찾아보기 힘듭니다. 그래서 오십은 헤맵니다. 만나는 건 나와 비슷한 사람들뿐입니다. 그러니 고정 관념은 점점 고집이 되어 버립니다.

제가 꿈꾸는 오십 이후의 삶이 있습니다. 죽는 날까지 지하철로 여기저기를 다니는 겁니다. 그렇게 계속 사람을 구경할 수 있으면 좋겠습니다. 기회가 된다면 많은 사람과 이야기를 나누고 싶습니다. 그러다가 집에 돌아와 '나 잘 놀다 간다'면서 쿨하게 죽음에 이르는 것이요. 제가 온 힘을 다해 갖추고 싶은 저의 나머지 삶입니다.

이를 위해 필요한 것이 장자의 조언이라고 생각합니다. 덕을 쌓되 이를 드러내려 하지 말고, 지식을 얻되 그것으로 누군가와 다투려 하지 말 것. 평범한 사회생활의 지침과도 같은 장자의 조언을 잘 받아들인다면 어느새 우리 곁에 누군가가 성큼 다가오기를 기대해 봐도 좋은 시간이 오지 않을까 싶습니다.

오십에는 나 자신에게로 돌아가야 할 때, 그리고 사랑하는 사람과 함께해야 할 때입니다. 일상의 작은 일부터 시작해 봅시다. 말 한마디를 해도 '내 생각에는'이라는 말을 자제하는 것부터 다짐하면 됩니다. 이 작은 실천 하나가 나 자신은 물론 나를 사랑하는 사람들에게도 평화와 행복을 줄 테니까요.

'명야자 상알야 지자야 쟁지기야(名也者 相軋也 知者也 爭之器也)'를 기억해 두세요. 명예는 서로를 시기하고 미워하게 만들고, 지식은 경쟁의 도구가 된다는 뜻입니다. 장자가 밑줄을 긋고 공자가 제자 안회에게 가르쳤던 이 말 속에 오십의 행복 비결이 들어 있습니다. 명예, 그리고 지식이 오십인 우리를 해치는

흉기가 될 수 있다는 걸 깨닫고 겸손해질 수만 있다면 우리는
어른다운 어른이 되어 있을 겁니다.

들어 주면 말하되
안 들어 준다고 상심하지 않는다

받아들여지지 않는다면 그저 그만둘 뿐이다

不入則止
불입칙지

"세속의 울타리 안에서 노닐되 명예 따위에는 흔들리지 말아야 한다네. 자네가 받아들여질 것 같거든 그때서야 비로소 말을 하되, 받아들여지지 않는다면 그대로 있게나.

자네의 마음에 어떤 문을 세우려 하지 말고 어떤 날카로움도 마련하지 말고 마음을 편안히 하면서 부득이한 일이 닥쳐도 있는 그대로 따른다면 그때서야 비로소 도에 가까워질 것이네."

若能入遊其樊(약능입유기번) 而無感其名(이무감기명) 入則
鳴(입칙명) 不入則止(불입칙지) 無門無毒(무문무독) 一宅而
寓於不得已(일택이우어부득이) 則幾矣(칙기의)

내편〈인간세〉中에서

사람은 근본부터 소외되고 고독한 존재입니다. 그래서 이불
처럼 따뜻한 누군가가 필요합니다. 하지만 그런 사람을 찾기는
쉽지 않습니다.

이미 몇 천 년 전에 비슷한 고민을 하고 깨달음을 얻은 인물
이 있습니다. 그가 경험한 놀라운 세계를 간접적으로 느낄 수
있다면 우리는 힌트를 얻을 수 있지 않을까요? 새롭게 나아가
는 힘을 얻는 것은 물론이고 앞으로 어떤 가치 있고 의미 있는
일을 찾아낼 수 있을지 기대가 됩니다. 그래서 저는 오늘도 장
자를 읽습니다.

강물은 늘 같은 모습으로 그 자리에 있습니다. 하지만 그것
은 어제의 물이 아니고 늘 새로움을 던져 주는 오늘의 물입니
다. 오십은 강물과 같습니다. 어제와 똑같은 모습으로 존재하
지만 늘 새로운 도전을 받아들이며 변화해야 합니다. 쉬운 일

은 아닙니다. 살아 있다는 것을 증명하기 위해 고군분투해야 하니까요.

명예, 그리고 부의 추구는 더 이상 오십의 과제가 아닙니다. 여전히 그것들에 탐닉한다면 더 중요한 가치를 영원히 놓칠 수도 있다는 걸 알아야만 합니다. 이것은 실로 무서운 일입니다. 그러니 '인정 투쟁'에서 벗어나 '인정 화해'를 배워야겠지요.

인정 투쟁을 반납하고
인정 화해의 출발점에서

공자와 안회의 대화를 통해 장자는 세상과 소통할 때의 지침을 제안합니다. 그건 '받아들여질 때 말할 것'입니다. 당연한 말처럼 느껴지지만 돌이켜 보면 과연 우리가 이 간단한 지침을 잘 이행하고 있었는지 의문입니다. 이행은커녕 정반대로 살아왔던 것 같기도 합니다.

아마도 '인정 투쟁(認定 鬪爭)' 때문일 겁니다. 인정 투쟁이란 자기 자신이나 타인에게 인정을 받기 위한 싸움으로, 상대편을 굴복시키려는 것이 아니라 상대편에게서 나 자신을 확인하려고 애쓴다는 특징이 있다고 합니다.

이 인정 투쟁이 이제는 헛되었다는 것을 느낄 때가 되었습니다. 장자가 공자의 입을 통해 전한 "세속의 울타리 안에서 노닐되 명예 따위에는 흔들리지 말아야 하네"라는 말을 깊게 새겨야 합니다.

언제까지 이 지독한 인정 투쟁의 굴레에 갇혀서 살고 싶습니까. 그동안 충분히 투쟁하면서 살아왔는데 오십이 된 지금도 또 투쟁인가요. 오십 이후에 다가오는 시간을 짜증과 분노로 도배할 수는 없습니다.

세상이라는 게 원래 경쟁하고 투쟁하며 인정받는 곳이라고 말하는 사람도 있겠으나, 그렇다고 해서 무작정 '다 그런 것'이라는 말로 남은 시간을 투쟁하며 보내고 싶지는 않습니다. 세상의 아름다움을 볼 줄 알고, 세상의 좋은 소리를 듣고 싶습니다. 이제는 편안해지고 싶습니다. 그래서 인정 투쟁 그 너머를 바라볼 줄 아는 오십이 되고자 합니다.

인정 투쟁은 발전을 꾀하기도 하지만 파멸을 가져오는 경우가 더 많습니다. 화해할 수 없는 대립과 갈등을 낳고 이는 다시 비극적인 결말로 이어지지요. 세상이 힘든 이유입니다. 오십이 될 때까지 삶이 그토록 어렵고 고통스러웠던 이유는 타인이 있는 곳에 어떻게 해서든지 내가 있어야 한다는 집착에서 비롯되었습니다. 나라는 사람이 타인의 생각, 타인의 인식에 박혀 있어야만 했던 것이지요.

오십이 되니 이는 더 명백하게 다가옵니다. 노동의 현장에서는 나이가 들면 더 이상의 필요성을 인정받지 못하게 됩니다. 사회로부터 인정받지 못한 사람은 상실감을 경험합니다. 아무리 마음을 다잡더라도 허탈함이 없다면 거짓말이겠지요. 이런 상황을 경험하면 인정받고 싶은 욕구는 더욱 커지게 됩니다.

하지만 이때를 조심해야 합니다. 여전히 인정 투쟁에 목이 말라 무리하게 되면 정말로 아무도 찾지 않는 사람이 되기 때문입니다. 장자의 말을 들어 보시죠.

"받아들여지지 않는다면 그대로 있게나. 자네의 마음에 어떤 문을 세우려 하지 말고 어떤 날카로움도 마련하지 말고 마음을 편안히 하면서 부득이한 일이 닥쳐도 있는 그대로 따른다면 그때서야 비로소 도에 가까워질 것이네."

도(道)까지는 아니더라도 최소한 누군가와 함께 잘 살아가기 위해 노력해 보는 건 어떨까요. 물론 인정을 포기하기란 쉽지 않습니다. 그것이 인간의 본능이든, 자본주의가 낳은 습관이든 우리에게 오랫동안 남아 있었으니까요. 다만 인정받는 그 방식만큼은 아름답기를 바랍니다.

언젠가 아이들과 강남역으로 쇼핑을 간 적이 있습니다. 주말 오후였는데, 도로를 점거하고 정치 구호를 외치는 어르신들의 모습을 보니 마음 한구석이 불편했습니다. 정치색을 떠나 인정 투쟁을 버리지 못한 채 젊은이들에게 반감을 사 버린 모습을 보니 씁쓸해졌습니다. 아직도 투쟁할 수 있다고 소리를 지르는 듯한 처절한 모습이 오히려 사람들에게는 좋지 않은 모습으로 보일 것 같아서 답답한 마음이 들었지요.

거리를 떠돌며 아직도 살아 있다고 외치지만 되돌아오는 건 따가운 시선과 경멸임을 발견하고는 가슴이 아팠습니다. 한편으론 억울하기도 했습니다. 그렇게 치열하게 살아온 오십인데 세상의 인정에 목마른 철부지처럼 보이는 것이 말입니다.

이제는 장자의 이야기에 귀를 기울였으면 합니다. 오십이라면 '불입칙지(不入則止) 무문무독(無門無毒)', 즉 받아들여지지 않는다면 그저 멈추고, 상대에게 강요하지도 말고, 무엇인가를 억압하려는 것도 삼가면 인정 투쟁이 아닌 인정 화해에 능한 어른의 모습을 갖추지 않을까 하는 생각을 해 봅니다. 그때 우리는 세상을 향해 한 걸음 더 나아갈 수 있을 겁니다.

고치지도 권하지도
나서지도 말라

명령은 바꾸려 하지 않고, 일은 억지로 이루려 하지 않는다

無遷令 無勸成
무천령 무권성

말은 바람 따라 일어나는 물결과 같으니 말을 전하는 사람은 잘되기도 하고, 잘못되기도 합니다. 바람에 이는 물결과도 같기에 쉽게 흔들릴 수밖에 없고, 득실은 위태롭기 이를 데 없습니다. (중략) 속담에 이런 말이 있습니다.

"(왕의) 명령에 대해서는 고치려고도 무엇인가를 권하지도 말 것이니 괜히 나서 봐야 불필요함을 더한 것이나 마찬가

지이다.")

지나친 것은 불필요함을 덧붙이는 격입니다. 그러니 명령을
바꾸거나 무엇인가를 권하는 것이야말로 스스로 위험을 자
초하는 일입니다. 좋은 일은 이루어지는 데 오랜 시간이 소
요되지만 한번 저지른 잘못은 고치기 어려우니 어찌 삼가지
않을 수 있겠습니까?

言者風波也(언자풍파야) 行者實喪也(행자실상야) 夫風波易
以動(부풍파이이동) 實喪易以危(실상이이위) … 故法言曰(고
법언왈) 無遷令(무천령) 無勸成(무권성) 過度益也(과도익야)
遷令勸成殆事(천령권성태사) 美成在久(미성재구) 惡成不及
改(악성불급개) 可不慎與(가불신여)

내편〈인간세〉中에서

오십 대가 지나면 이제 누군가의 기대로부터 점점 멀어진다
는 점을 인정하지 않을 수 없습니다. 젊은 시절에는 용인되었
던 패배나 패기를 드러내는 것이 조심스러운 시점이기도 합니
다. 그래도 인정해야 합니다. 확고한 신념을 구축하는 것도 좋

지만 오십 이전과 오십 이후에 겪는 현실적인 패배를 편안하게 인정할 수 있어야 합니다.

눈앞에 닥친 현실은 여전히 고통과 외로움일 수밖에 없습니다. 이를 그냥 내버려 두고 그저 앞으로 나아가려고만 한다면 결국 또 다른 고통이 찾아옵니다. 어쩌면 더욱 고통스럽고 고독한 패배가 우리를 기다리고 있을 것입니다. 인정에 집착하며 불편함에 잠겨 있기보다는 과거의 실수를 더 나은 미래를 위한 단련의 과정이었다고 인정하는 모습이 필요한 이유입니다.

세상 사람들이 괜찮다고 하는 회사에 다니다가 오십에 명예 퇴직한 친구가 말했습니다. "지점장이라는 직책을 반납당하고 회사를 그만둔 후 집에 오자마자 알았어. 내가 노인이 되어 버렸다는 걸." 서글픈 이야기이지만 오십에게 먼 이야기가 아닙니다. 어쩌면 이미 일어난 일인지도 모르겠습니다. 친구의 이야기는 계속되었습니다. 누군가와의 처절한 경쟁에서 승리를 쟁취해 왔다고 합니다. 그렇게 명예를 얻고 일의 책임자가 되었으며 부하 직원에게 지시하는 위치까지 올랐지만 그건 지극히 찰나의 순간에 불과했다고 하죠. 아직은 오십 대 중반의 친구였지만 자신감 없는 눈에는 절망이 보였습니다.

생기를 잃은 얼굴이었습니다. 아직 살아갈 날이 많이 남아 있는데도 말입니다. 언젠가 우리에게 다가올 삶의 끝에서는 그 누구도 명예와 돈을 따지지 않을 것입니다. 중요한 것은 내가 행복하고 편안했는지뿐입니다. 그럼에도 불구하고 우리는 당장 돈과 명예에 미련을 못 버리고 있습니다. 과연 오십 이후에도 이렇게 살아야 하는 걸까요?

일상에서 우리는 늘 문제와 마주합니다. 그것이 나를 화나게 합니다. 그때 나를 잘 살펴봅니다. 과연 그 일이 나를 화나게 한 것인지 말입니다. 생각해 보면 내가 화를 낸 것입니다. 그 일이 나를 힘들게 한 것이 아니라 내가 힘들어한 것입니다. 그 사건이 내 삶을 엉망으로 만든 게 아니라 오로지 내가 생각한 것이 나를 힘들게 하고 나의 일상을 엉망으로 만들었습니다. 그렇게 스스로를 괴롭히는 중입니다.

우리는 자신이 생각하는 대로 일이 풀리지 않거나 상대방이 내 마음대로 행동하지 않는다고 해서 누군가를 고치려 듭니다. 훈계하고 지적하는 일에서 쾌감을 느끼기도 합니다. 특히 말이 문제입니다. 장자의 말을 먼저 들어 보십시오.

"말은 바람 따라 일어나는 물결과 같으니 말을 전하는 사람은 잘되기도 하고, 잘못되기도 합니다. 바람에 이는 물결과도 같기에 쉽게 흔들릴 수밖에 없고, 득실은 위태롭기 이를 데 없습니다."

장자는 우리가 하는 말이 바람 따라 일어나는 물결과도 같다고 합니다. 물결은 바람에 휘둘립니다. 바람이 부는 대로 일렁일 수밖에 없습니다. 고요와 평화는 불가합니다. 우리의 생각도 이와 같습니다. 생각이 휘둘리면 우리의 마음 역시 흔들리게 되지요.

생각해 보니 오십이 될 때까지 내가 한 말과 내가 한 생각으로 얼마나 많은 고통이 있었는지 모르겠습니다. 나의 말과 생각이 모두 그 어딘가에서 불어오는 바람, 세상의 영향을 받아 흔들린다는 것을 일찍 깨달았다면 얼마나 좋았을까요. 고요히 무게를 잡을 수 있는 힘을 키웠어야 했는데 그러지 못했던 게 아쉬움으로 남습니다.

《장자》를 읽으며 뒤늦게나마 흔들리고 상처받았던 그 모든 상황이 나 자신으로부터 시작되었음을 알게 되었습니다. 물론 당시에는 여러 가지 경험으로 인해 그렇게 행동할 수밖에 없었을 겁니다. 단, 그 잘못된 반응을 오십 이후에도 계속 밀고 나가서는 안 된다는 것을 기억하려 합니다.

삶은 내게 무엇이 일어났느냐가 아니라 일어난 일에 대해서 내가 어떻게 생각하고 대응하느냐에 따라 결정됩니다. 사람 그리고 사물과 관계를 맺는 모습이 결국 나의 삶이 됩니다. 나의 응답 속에 나의 성장과 행복이 있기 마련입니다. 우리에게는 문제가 생기면 스스로 좋은 방향으로 해결해 나갈 자유와 힘이 있습니다.

아무리 좋은 것도
지나치면 불필요함을 더한 것일 뿐

우리는 오십에 이르기까지 고통과 싸워 왔다고 생각합니다. 하지만 오십이 되어 되돌아보니 그 고통에서 나오려 하지 않았던 것 역시 나 자신이었음을 인정합니다. 고통과 멀어지려 애썼지만 결국 고통에서 허우적대고 있었지요. 어둠은 어둠이 아닌 밝음으로 이겨 내야 하는 것처럼 고통을 인정하고 빠져나왔어야 했는데 그렇게 할 줄 몰랐습니다.

대표적인 게 타인을 향한 불만이었습니다. 나에게 고통을 준 사람에게 복수하고 싶은 마음이 늘 가득했습니다. 행복은 일어난 사건보다, 그 사건을 어떻게 다루는지에 있다고 하는데 저는 늘 사건에만 온 신경을 곤두세웠습니다. 일어난 일을 인정하고 긍정적으로 해석할 줄 모르고 내 생각과 다른 일이 일어나면 그저 고통스러워했습니다.

더 나아가 나와 다른 모든 것을 고치려 했습니다. 물론 이것이 선의(善意)라고 생각했습니다. 하지만 그건 저 혼자만의 생각이었을 뿐입니다. 나와 다르면 틀리다고 생각하고 미워하면서 고통스러워했습니다. 그러다 보니 만나는 사람을 괴롭히는 결과를 낳게 되었습니다. 장자를 알았더라면 이런 지나침은 없었을 텐데 말입니다.

장자는 이야기합니다.

"지나치면 불필요함을 덧붙이는 격입니다."

내가 옳다고 생각해도 그것을 함부로 상대방에게 강요하는 건 지나침이며 불필요함이라는 것이 장자의 생각입니다. 더 나아가 스스로 위험을 자초하는 일이라고까지 합니다. 그래서 장자는 좋은 일은 이루어지는 데 오랜 시간이 소요되지만 한번 저지른 잘못된 일은 고치기 어려우니 삼가고 또 삼갈 것을 권합니다.

그동안 내가 말하고 생각하는 대로 잔잔한 물결도 거칠게 만들 수 있다고 생각하지는 않았는지요. 하지만 물결은 바람의 그림자와 같습니다. 그리고 바람은 '세상' 혹은 '나와 다른 누군가'입니다. 어찌할 수 없는 세상과 나와 다른 누군가를 내 마음대로 바꾸겠다는 오만한 생각을 조심해야 합니다.

그래서 장자가 오십을 향해 보내는 걱정을 받아들였으면 합니다. 불필요하고 지나친 말, 행동, 생각으로 인해 겪게 될, 어쩌면 이미 수없이 겪었을 고통을 이제는 겪지 않기 위해서라도요. 물론 억울함도 없지 않습니다. 정작 우리는 오십이 되기까지 일터에서 자기의 취향을 숨기고, 마음에 내키지 않는 관계를 맺고, 불쾌한 지적도 참고 버텼으니까요. 하지만 우리가 겪은 고통을 세상의 후배와 약자에게 고스란히 전해 주는 나쁜 어른이 될 이유는 없습니다. 고통과 괴로움을 세상에 남기고 떠나는 사람은 되지 말자는 것입니다. 생각, 말, 행동을 타인에게 강요하는 지나침만 자제해도 오십의 관계는 지금보다 나아지게 될 것이라 믿습니다.

화려한 불꽃을 피웠다면
아름답게 시들 용기도 필요하다

우연히 사람의 모습으로 태어났을 뿐임에도
사람으로 남아 있을 거라고 외친다면

今一犯人之形 而曰 人耳人耳
금일범인지형 이왈 인이인이

대장장이가 쇠붙이를 녹여 주물을 만들 때 쇠붙이가 날뛰면
서 튀어 올라 "나는 막야(鏌鎁)와 같은 명검이 될 거야!"라
고 한다면 대장장이는 이 쇠붙이를 두고 불길하다 할 것입
니다.

평범한 사람으로 태어났을 뿐인데 "나는 대단한 사람이 될
거야! 나는 대단한 사람이 될 거야!"를 반복한다면 조물주
는 그를 두고 불길한 사람이라 여길 것입니다.

今之大冶鑄金(금지대야주금) 金踊躍日(금용약왈) 我且必爲
鎭鋣(아차필위막야) 大冶必以爲不祥之金(대야필이위상지
금) 今一犯人之形(금일범인지형) 而日(이왈) 人耳人耳(인이
인이) 夫造化者必以爲不祥之人(부조화자필이위불상지인)

내편〈대종사〉中에서

오십이 되어 이런저런 욕망을 내려놓다 보니 어렴풋이 진짜
내 모습이 보였습니다. 아마 직장을 그만두고 돈을 벌지 않게
된다면 슬프겠지만 한편으로는 그제서야 진짜 나의 모습과 온
전히 마주할 것 같다는 생각이 듭니다.

'진짜 나'가 있다면 '가짜 나'도 있을 겁니다. 그것은 세상을 견
뎌 내느라 썼던 가면이겠지요. 그런데 어느 순간부터 '가짜 나'
를 '진짜 나'로 착각하게 되더군요. 수십 년을 사회라는 틀에 스
스로를 가두고 살았기 때문입니다. 나를 알아주지 않는 사람에
게 분노하고 갈등을 겪다가 상처를 주고받곤 했습니다. 받은
만큼 돌려준 상처는 잠시 마음을 편하게는 했지만 다시 부메랑
처럼 돌아오곤 했지요.

오십이 되었지만 아직도 저는 '가짜 나'에서 벗어나 '진짜 나'
로 여행하지는 못한 듯합니다. 가면을 벗지 못하고 여전히 정

해진 틀에 갇혀 나와 다른 사람들을 대했습니다. 인간관계는 점점 더 힘들어졌습니다. 단절되고 악화되어 갔습니다. 언제쯤 '진짜 나'와 편안하게 만날 수 있을지 고민은 깊어져 갔습니다.

내 마음대로 되지 않는 것이
세상임을 깨닫다

한 대장장이가 있습니다. 주워 모은 쇠붙이를 녹여서 생활에 필요한 제품을 만들려고 합니다. 그런데 갑자기 쇠붙이 일부가 튀어 오르더니 대장장이에게 말합니다.

"나는 막야가 될 거예요!"

막야란 '명검'을 칭할 때 주로 쓰이는 단어입니다. 이를 본 대장장이는 과연 어떤 생각을 하게 될까요? 쇠붙이의 소원대로 평범한 제품이 아닌 세상이 우러러보는 막야를 만들겠다고 다짐했을까요? 대장장이는 이렇게 생각합니다.

"이 쇠붙이 왜 이래? 아침부터 재수 없게."

나만은 특별하다고 생각하는 우리에게 따끔한 교훈을 주는 말처럼 느껴집니다. 장자는 쇠붙이와 막야의 관계를 사람에게도 그대로 적용합니다. 사람으로 태어났다면 자연스럽게 세상과 관계를 맺으며 살아야 함에도 '인이인이(人耳人耳)', 즉 '나는 대단한 사람이 될 거야!'를 외치고 다니는 건 부자연스러운 일이라는 것이죠.

오래전에 있었던 일이 기억납니다. 책을 몇 권 세상에 내고 보니 주변으로부터 '나도 책을 내고 싶으니 도와 달라'는 요청을 받곤 했습니다. 책을 쓰는 일은 할 수 있었지만 누군가에게 책을 내도록 코치하는 일은 제 역량 밖의 일이라고 생각해 여러 번 거절했습니다. 하지만 이런저런 인연을 이야기하면서 몇 번을 부탁하는 한 분만큼은 거절하기가 힘들었습니다. 그래서 어떤 사례도 받지 않고 상업 출판의 관점에서 조언을 드리게 되었습니다.

그분은 먼저 자신의 원고를 보내 왔습니다. A4 용지 100매에 가까운 분량이었습니다. 다소 딱딱한 자기 계발서 원고였고,

냉정하게 이야기하자면 몰입하기가 어려웠습니다. 하지만 그분이 보낸 이메일에 첫 책을 내고 싶은 간절한 마음이 가득 담겨 있었기에 저는 최선을 다했습니다. 며칠 동안 퇴근 후 저녁 시간을 할애하면서 끝까지 읽고 빨간 펜으로 고쳐 주었지요. 그리고 평일 퇴근 후에 피곤한 몸을 이끌고 그분을 만나 원고를 전달해 드렸습니다. 저는 당시에 상업적 출판의 기준을 적용하여 조언했습니다. 빨간 펜으로 표시한 부분들도 자세히 설명했으며 표지부터 에필로그까지 제가 경험한 모든 것을 성심껏 안내해 드렸지요.

그런데 분위기가 이상했습니다. 30분 정도 지났을 때 그분의 얼굴이 점점 굳어지고 있었습니다. 1시간이 흐른 뒤 질문을 하는 그분의 얼굴에는 짜증이 가득했습니다. 아차 싶었습니다. 그분은 이 원고가 상업 출판물로 만들어지는 과정이 궁금한 게 아니었습니다. 그분이 듣고 싶었던 말은 '그래서 나의 원고가 얼마나 괜찮은가'였던 것입니다.

결국 그분은 제대로 된 인사 하나 없이 떠났습니다. 제가 며칠에 걸쳐 빨간 펜으로 수정한 두툼한 원고를 가지고 말입니다. 진심으로 선의를 베풀었다고 생각했지만 그때 제가 받은 것은 4,000원짜리 탄산수 한 병이 전부였습니다. 그때부터 저는 누군가에게 도움을 요청받을 때 다음의 두 가지를 생각하게 되었습니다.

첫째, 누군가가 도움을 요청하면 상황에 따라 적절한 보수를 받을 것.

둘째, 도움을 요청하는 사람이라도 함부로 조언하지 말 것.

그 이후에도 원고를 봐 달라는 요청을 많이 받았지만 가능하면 정중히 거절했습니다. 생각해 보면 다행입니다. 그 경험 덕분에 비슷한 도움을 요청한 사람들이 자신의 원고를 어떻게 봐주기를 바라는지 알게 되었기 때문입니다. 만약 그때 그분이 저의 의견을 전부 받아들여 주었다면 저는 그 이후로도 수많은 분에게 상처가 되는 조언을 하게 되지 않았을까요.

사실 저도 막야가 되고 싶은 쇠붙이 같은 사람이었습니다. 책 몇 권 냈다고 막야와 같은 명성을 얻기를 바랐습니다. 하지만 오십에는 섣불리 막야를 바라지 않는 마음이 필요합니다. 생각해 보면 나와 상대방의 소망이나 가치관은 전혀 다릅니다. 바라는 것이 다르면 당연히 궁합도 맞지 않지요. 맞지 않는 것을 굳이 맞추려고 한다면 충돌할 뿐입니다.

쇠붙이가 대장장이의 반감을 산 것도 이와 같습니다. 대장장이는 쇠붙이를 집을 짓기 위한 주물로 만들려 했으나 쇠붙이는 용맹한 장군의 명검이 되겠노라 선언했습니다. 마음이 맞지 않으니 충돌이 일어났겠지요.

맞지 않는 관계가 있습니다. 충돌하는 관계가 있다면 벗어나야 합니다. 만약 당신도 누군가에게 줄 수 없는 애정을 갈구하고 있다면 당장 그만두어야 합니다. 나를 보지 않는 대상을 향해 끝없이 구애를 해 봐야 남는 건 서로의 불행뿐이겠지요. 마음대로 되지 않을 땐 그것이 인생임을 깨닫고, 혹시 내 마음대로 되는 순간에는 경계하는 마음이 필요합니다.

처음부터 기죽을 필요도 없지만 잠시 찾아온 행운에 탐닉해서도 곤란합니다. 지나친 것은 도리어 모자란 것만 못하다는 말이 있는 것처럼 늘 극단을 조심해야 합니다. 세상은 어지러워야 정상이고 이 어지러움 속에서 고요함을 찾는 건 오십이 되어서도 끊임없이 내면을 관리하는 우리의 몫이겠지요.

오십입니다. 언제까지 막야가 되기를 원하십니까. 누군가로부터 불길한 사람이라는 오명을 얻고 싶은 사람은 없지요. 이제는 튀지 못해서 안달이 난 과거의 모습과 결별할 때입니다. 화려한 불꽃을 피웠다면 아름답게 시들 용기도 필요합니다. 명심하십시오. 세상이 복잡하고 어지러울수록 고요함을 지킬 줄 아는 삶을 살아야 합니다.

· 4장 ·

공허함 대신 배움

다가오는
날들을
잘 시작하는
법

모든 일에는
때가 있다

붕은 바다의 기운이 움직여 물결칠 때
비로소 남쪽 바다를 향해 날아간다

是鳥也 海運則將徙於南冥
시조야 해운칙장사어남명

북쪽 바다에 물고기 한 마리가 살았는데 그 이름은 곤입니다. 곤의 크기는 몇 천 리가 되는지 알 수 없을 정도입니다. 곤이 변해서 새가 되었는데 그 새의 이름은 붕입니다. 붕의 크기도 몇 천 리에 달할 정도로 큽니다. 붕이 힘차게 날아오르면 그 날개는 마치 하늘을 가득 뒤덮은 구름과 같습니다. 붕은 바다의 기운이 움직여 물결이 흉흉해지면 남쪽 바다로 날아갑니다.

北冥有魚(북명유어) 其名爲鯤(기명위곤) 鯤之大(곤지대) 不
知其幾千里也(불지기기천리야) 化而爲鳥(화이위조) 其名爲
鵬(기명위붕) 鵬之背(붕지배) 不知其幾千里也(불지기기천리
야) 怒而飛(노이비) 其翼若垂天之雲(기익약수천지운) 是鳥
也(시조야) 海運則將徙於南冥(해운즉장사어남명)

내편〈소요유〉中에서

오십이 되니 너그러워집니다. 저절로 너그러워지는 건 아닙
니다. 너그럽지 않으면 살기 힘든 세상이니 어쩔 수 없이 변화
해야 하지요. 힘든 일이 닥칠 때마다 한탄만 하고 싶지는 않습
니다. 인생 최고의 기적은 변화, 즉 '되어 감'에 있으니까요.

태어나서 오십이 될 때까지 하나의 육체, 하나의 마음에 갇혀
살았습니다. 그러니 이제는 새로운 세상에 적응하라는 소리에
귀를 기울여도 좋겠습니다. 필요하다면 바뀌어야 하고, 떠나야
하며, 방랑해야 합니다. 그래야 몸도 마음도 건강하게 살아갈
수 있습니다. 그리고 그렇게 살기 위해 세상은 오십에게 변화
하라고 기회를 줍니다.

가객(歌客) 김광석은 바람을 기다리며 노래했습니다.

설레임과 두려움으로 불안한 행복이지만

우리가 느끼며 바라본 하늘과 사람들

힘겨운 날들도 있지만 새로운 꿈들을 위해

바람이 불어오는 곳 그곳으로 가네

〈바람이 불어오는 곳〉, 김광석

오십 이전의 삶이라면 바람이 불어오는 곳으로 가도 됩니다. '거꾸로 강을 거슬러 오르는 저 힘찬 연어들처럼' 살아보는 것도 나쁘지 않습니다. 하지만 오십에는 바람을 탈 줄 알아야 합니다. 기회가 와서 바람이 불어오면 그 바람에 슬쩍 몸을 맡길 수 있어야 합니다. 바람이 차갑고 뜨겁다고 불평하기보다는 있는 그대로 편안하게 바람을 인정해 주는 것이지요.

좀 더 현명한 오십이라면 바람을 등질 줄 알아야 합니다. 바람이 불어오는 곳으로 가슴을 들이대기보다는 등을 돌려 바람에 맡기는 것입니다. 무언가를 해 보고자 아등바등하는 것이 아니라 바람이 이끄는 대로 두는 것입니다. 물론 그 바람마저 놔 버리는 때도 있어야 할 것입니다. 그날이 육십이 될지, 팔십이 될지, 죽음에 이르러서일지는 모르겠지만 말입니다.

장자는 오십에게 하나의 힌트를 주었습니다. 바로 변화하고 싶다면 장소의 변화가 필요하다는 것입니다. 진짜 '화(化)'하고 싶다면 옮겨야 합니다. 오십이 될 때까지 편하게 머물던 곳에서 벗어나 다른 곳을 바라보고 또 걸어야 합니다. 다른 장소에서 다른 사람을 만나 나를 성찰하고 바꿉니다. 이것이 선순환될 때 비로소 변화합니다. '곤'이 '붕'이 되어 북쪽 바다에서 남쪽 바다로 장대한 움직임을 일으킨 것처럼 말입니다.

새로 변화한 물고기가
곧바로 날아가지 않은 까닭

기다리지 못하면 죽습니다. 달걀은 자기 안에 이미 닭이 될 수 있는 가능성을 압니다. 흰자와 노른자로 생을 마감하는 게 아니라 껍질을 까고 나와 세상과 하나 되는 가능성을 본능적으로 압니다. 그리고 기다릴 줄 압니다. 그 기다림이 달걀을 병아리가 되도록 만들지요.

줄탁동기(啐啄同機)라는 말이 있습니다. 줄(啐)은 부른다는 의미이고 탁(啄)은 쫀다는 의미입니다. 병아리가 알에서 나오기 위해서는 새끼와 어미가 안팎에서 알을 쪼아야 한다는 뜻입니다. 이는 《벽암록》이라는 책의 '경청줄탁기(鏡淸啐啄機)'에 등장하는 이야기입니다. 그 내용은 이러합니다.

한 스님이 경청 스님에게 물었습니다.

"제가 안에서 쪼을 테니까 스님은 밖에서 쪼아 저를 도와주십시오."

경청 스님이 답합니다.

"살아날 수 있겠는가."

스님이 말합니다.

"살아나지 못한다면 스님은 비웃음을 살 것입니다."

경청 스님은 "형편없는 놈이로군"이라며 스님을 비웃습니다. 스스로 성장할 준비가 되어 있지 않으면서 일방적으로 스승에게 도움을 요청하며 협박하는 어리석음이 엿보입니다. 이 이야기는 아직 때가 되지 않았는데도 시간을 거슬러 무작정 세상에 나오려는 어리석음을 이야기하고 있습니다. 병아리가 나올 준비가 되어 있지 않은데 어미가 알을 깨면 어떻게 될까요? 새끼가 죽는 법입니다.

《장자》에 나오는 물고기 '곤'과 새 '붕'에 대한 이야기는 이미 유명합니다. 그런데 저는 곤의 변화보다는 붕의 기다림에 더욱 흥미가 생깁니다. 곤은 붕이 되자마자 저 멀리 바다로 날아가지 않습니다. 기다립니다. 몇 천 리에 달할 정도로 큰 새이니 그깟 남쪽 나라 정도는 그냥 당장 날아가도 되는데 붕은 기다립니다.

붕은 바다의 기운이 움직여 물결이 칠 때 그제서야 바람을 타고 유유히 남쪽 나라로 날아갑니다. 자신의 날개를 지탱할 만큼 커다란 바람을 기다렸던 것이지요. 붕의 비행은 바람이 없으면 가능하지 않았습니다. 그래서 붕은 날기 위해 바람을 기다렸습니다.

오십이 되었다고 무엇인가를 바로 시작할 수 있을까요. 어떤 일이 이루어지기 위해서는 조건이 마련되어야 합니다. 그 조건에 뛰어들기를 거부하거나 주저한다면 그 조건은 없는 것이나 마찬가지입니다. 오십이라면 이 평범한 진리를 배워야 하지요. 우리가 비행하기 위한 조건은 무엇입니까. 붕의 비행 조건이 바람이라면 오십의 삶의 조건은 무엇일까요.

당신은 지금 '곤'입니까? 좋습니다. 이제 변화를 통해 '붕'이 될 차례입니다. 그리고 내가 나로 있을 수 있는 장소를 발견해야겠지요. 하지만 붕이 남쪽 바다로 날아가기 위해 기다린 것처럼, 지금보다 더 나은 삶으로 향하기 위한 기다림을 잊지 마십시오. 멀리 날아가기 위해서는 적절한 기다림이 필요합니다.

옳고 그름을 판단하는 데
에너지를 낭비하지 말 것

있다고도 하고 없다고도 하는데
도대체 무엇이 있고 무엇이 없는지 알지 못하겠다

而未知有無之果孰有孰無也
이미지유무지과숙유숙무야

있음이 있고, 없음이 있고, 없음이 아직 형성되지 않음이 있

고, 없음이 아직 형성되지 않음도 없음이 있습니다.

그런데 문득 홀연히 있음과 없음이 생깁니다. 세상 사람들

은 '있다' 혹은 '없다'라고 주장하지만 무엇이 있는지 무엇이

없는지 알지 못합니다.

有有也者(유유야자) 有無也者(유무야자) 有未始有無也者(유

미시유무야자) 有未始有夫未始有無也者(유미시유부미시유무
야자) 俄而有無矣(아이유무의) 而未知有無之果孰有孰無
也(이미지유무지과숙유숙무야)

내편〈제물론〉中에서

오십은 스스로의 오만함을 발견하기 어려운 나이입니다. 자신에게는 관대하고 타인의 문제에는 집착하게 되지요. 여기서부터 불행이 시작됩니다. 돈과 명예를 가진 사람일수록 주변에서 지적하거나 반대하는 사람이 없을 겁니다. 그것이 좋은 걸까요? 아닙니다. 오만함을 알아차리지 못하면 결국 좋지 않은 끝을 맞이하게 될 테니까요.

오십이 되니 '이기는 자가 살아남는 것이 아니라 살아남는 자가 이기는 것'이라는 말이 절실하게 느껴집니다. 변화를 알지 못하고, 또 알려고도 하지 않으면 고착된 생각에 갇히게 되는데 이를 강요하다가는 외톨이가 되어 사회에서 살아남기가 어렵기 때문입니다. 그런데 이 선입견과 고집을 버리기가 참 힘듭니다. 옳고 그른 것이 딱 정해져 있지도 않은데 말입니다.

무엇이든 가능한 이 세상에서 편협하게 자기 자신의 고집만 내세우다가는 삶은 끝까지 외로울 수밖에 없습니다. 자신의 신념과 맞지 않아도 그 역시 또 다른 삶의 모습이라는 걸 알아야 세상과의 화해가 시작됩니다. 완전히 옳은 것도 완전히 그른 것도 없음을 알아야 합니다. 이렇게 포용력 있는 모습을 보일 수 있다면 어떤 곳에서도 환영받을 수 있지 않을까요.

앞으로가 기대되는 인생을 위하여
품어 보는 단어, '포용'

"장자를 읽고 무엇을 알게 되었습니까?"라는 질문을 받았다고 해 보겠습니다. 저라면 '이럴 땐 이렇게, 저럴 땐 저렇게 하라'는 특별한 기술을 배웠노라고 말하지 않겠습니다. 대신 장자가 세상을 바라봤던 눈 그 자체를 알았다고, 그렇게 책 수백 권으로 해석되기 힘든 세상을 해석하게 되었다고 말하겠습니다. 세상에 있는 아름다움을 발견할 줄 알고 특히 나와 다른 누군가 혹은 내가 생각했던 것과는 다른 무엇인가를 새롭게 바라볼 수 있게 되었다고 말입니다.

물론 장자처럼 세상을 보려면 아직도 멀었습니다. 저는 오십이 될 때까지 장자의 생각과 정반대로 지내 왔기 때문입니다.

사람과 세상을 부정적으로 바라보고, 누군가와의 경쟁을 생각하고, 그 경쟁에서 승리하려는 마음이 일상을 가득 채웠습니다. 내가 옳고 나와 다른 누군가는 틀려야 마음이 놓였습니다. 그렇게 오십이 되었습니다. 장자를 다시 읽으며 제가 어리석었음을 깨닫습니다. 이제는 오직 나만 옳다는 고집은 버리고 나와 다른 무엇인가를 향해 사랑 가득한 마음을 얻고 싶습니다.

그동안 늘 무엇이 옳고 무엇이 그른지를 생각하며 살아왔으나 이제는 '포용'이라는 단어를 품고자 합니다. 가진 것과 가지지 못한 것을 따지느라 소중한 에너지를 낭비하는 짓도 그만하고요. 물론 경쟁 사회를 살아갈 땐 이런 마음가짐이 일종의 원동력이 되어 주었음을 인정합니다. 하지만 이제는 오십이 되었으니 이전의 모습과 결별하고자 합니다. 저는 장자의 말을 지침으로 삼아 혼란한 마음을 정리하는 중입니다.

"있음이 있고 없음이 있고, 없음이 아직 형성되지 않음이 있고 없음이 아직 형성되지 않음도 없음이 있습니다. 그런데 문득 홀연히 있음과 없음이 생깁니다."

있음과 없음, 옳고 그름 사이에서 우리는 얼마나 큰 고통을 겪고 있었는지요. 이런 것들이 원하는 것을 얻기 위해 쉬지 않고 치열하게 살도록 강한 동기 부여를 해 주었다는 점은 부인하지 않겠습니다. 하지만 이제는 이것이 옳고 저것은 옳지 않다고 판단하는 데 에너지를 낭비하기가 아까운 시기가 아닐까 하는 생각이 듭니다.

오십이나 되었으니 많이 안다고 생각합니다. 하지만 이 오만함 때문에 우리는 새로운 것을 받아들이지 못합니다. 이 메시지는 《장자》 곳곳에서 찾아볼 수 있습니다. 예컨대 이 이야기도 그러합니다.

송나라 사람이 '장보'라는 모자를 팔려고 월나라에 갔습니다. 하지만 월나라 사람들은 머리를 빡빡 깎고 문신까지 해서 장보가 필요하지 않았습니다.

宋人資章甫而適諸越(송인자장보이적제월) 越人斷髮文身(월인단발문신) 無所用之(무소용지)

내편〈소요유〉中에서

별것 아닌 이야기 같지만 잘 곱씹어 보면 생각할 거리가 많습니다. A 나라의 상인이 자국에서 유행하는 모자를 잔뜩 사 들고 B 나라로 향합니다. '이건 대박이야!' 하며 꿈에 부푼 채로 말이지요. 그런데 B 나라 사람들은 모두 민머리였고 심지어는 머리에 문신까지 하고선 멋을 내고 다녔습니다. 모자를 쓸 이유가 전혀 없었지요.

이쉽게도 장자는 여기에서 이야기를 멈춥니다. 송나라 상인은 과연 그 이후 어떻게 됐을까요? 완전히 망했다면서 금세 포기했을까요? 아니면 '살다 보니 이럴 수도 있지'라면서 송나라로 되돌아갔을까요? 혹시 모자가 필요 없는 월나라에 모자를 유행시켜 거부(巨富)가 되었을까요?

여기서 장자가 말하고 싶은 건 '포용'이라는 단어라고 생각합니다. 나와 다르다고 해서 부정적인 시선을 보내는 게 아니라, 새로운 가치를 찾고 이전과 다른 창조적인 일상을 영위해 낼 수 있습니다. 고정 관념을 스스로 깨트릴 줄 안다면, 세상의 새로운 규칙을 받아들일 준비가 되었다면 얼마든지 이 세상이 살 만하다는 걸 알게 되지 않을까요?

어린 시절을 지나 학교와 직장을 다니며 '나만의 원칙'을 지켜 왔습니다. 하지만 새로운 시간을 살기 위해서는 새로운 규칙을 존중해야만 합니다. 새로운 규칙을 인정하지 못한다면 새로운 세상에서 자유자재로 스스로를 변화시키는 행복도 누릴 수 없게 됩니다. 지금보다 앞으로가 더 기대되는 오십이 되기 위해, 이제 포용이라는 단어를 맘속 깊이 품어 봅니다.

좋은 말도 지나치면
거짓말이 된다

지나치면 거짓이 되고
거짓되면 믿지 못하게 되니 결국 화를 얻는다

凡溢之類妄 妄則其信之也莫 莫則傳言者殃
범일지류망 망즉기신지야막 막즉전언자앙

가까운 사람과 교제할 때는 반드시 신의로써 서로 따르되 먼 사람과 교제할 때는 반드시 말로써 자기 뜻을 표시해야 합니다. 말은 반드시 누군가가 그것을 충실하게 전할 수밖에 없는데 양쪽 모두 기뻐할 말이나 양쪽 모두 성낼 말을 하는 건 세상에서 가장 어려운 일 중의 하나입니다. 양쪽 모두 기뻐한다면 그것은 분명 지나칠 정도로 불필요한 말이 많았다는 것이고 양쪽 모두가 화를 낸다면 틀림없이 헐뜯는 말이 넘칠 정도로 많은 것입니다. 무릇 지나칠 정도로 넘쳐 나는 건 거짓된 것이니 거짓되면 믿는 것이 어려워지고 말을 전하는 자는 화를 입게 됩니다.

凡交近則必相靡以信(범교근칙필상미이신) 交遠則必忠之以言(교원칙필충지이언) 言必或傳之(언필혹전지) 夫傳兩喜兩怒之言(부전량희량노지언) 天下之難者也(천하지난자야) 夫兩喜必多溢美之言(부량희필다일미지언) 兩怒必多溢惡之言(량노필다일악지언) 凡溢之類妄(범일지류망) 妄則其信之也莫(망즉기신지야막) 莫則傳言者殃(막즉전언자앙)

내편 〈인간세〉 中에서

세상을 유유자적하게 보던 장자조차 어려워한 일이 있습니다. 바로 말투입니다. 그냥 어려운 정도가 아니라 '천하지난자야(天下之難者也)', 즉 하늘 아래 가장 어려운 일이라고까지 합니다. 장자는 말과 관련하여 딱 한 가지를 당부했습니다.

"넘치도록 말하지 말 것."

장자는 '일미지언(溢美之言)'과 '일악지언(溢惡之言)'을 예로 들었습니다. 아름다운 말이건, 멋진 말이건, 나쁜 말이건 수준 이하의 말이건 넘치지 않을 정도로 하면 된다는 뜻입니다. 넘치지 않게 말하려면 우선 한 가지 목표를 세워야 합니다. 바로 경청하는 습관입니다.

경청의 경은 '기울일 경(傾)'으로, 상대방을 향해 몸을 기울이고 집중하는 모습처럼 보이기도 합니다. 경청의 청(聽)은 우리가 익히 아는 대로 '듣는다'는 의미입니다. 그런데 청의 한자를 자세히 보면 '귀(耳)' 뿐만이 아니라 '마음(心)'과 '눈(目)'이 모두 들어 있음을 알 수 있습니다. 왜 듣는다는 의미를 가진 단어에 눈과 마음을 의미하는 한자가 포함되어 있을까요? 왜냐하면 경청이란 단순히 상대방의 말을 귀로 듣는 것에 그치지 않고 진심으로 바라보고 마음을 다할 때 완성되기 때문입니다.

예를 들어 볼까요? 누군가와 대화를 하는데 상대방이 내 말을 듣는 둥 마는 둥 합니다. 게다가 내 말을 자르고 끼어든다면 어떨까요. 이 사람은 나와 대화하고 싶어 하지 않는다는 생각이 들 겁니다. 반대로 상대방이 나에게 몸을 기울이면서 말을 들어 준다면 어떨까요. 이 사람이 나와 이야기를 나누고 싶어 한다는 생각에 기분이 좋아질 겁니다. 내 말에 귀를 기울여 주는 상대방을 만난 적 있으신지요. 굳이 "당신을 존중합니다"라는 말을 듣지 않아도 존중받는 느낌이 들었을 겁니다. 그 느낌을 줄 수 있는 오십이 되어 보는 건 어떨까요?

나이가 드니 점점 더 말이 많아지는 것 같습니다. 그럴 때면 장자의 이야기를 늘 염두에 두었으면 합니다.

"무릇 지나칠 정도로 넘쳐 나는 건 거짓된 것이니 거짓되면 믿는 것이 어려워지고 말을 전하는 자는 화를 입게 됩니다."

좋은 말도 넘치면 거짓이 되고 거짓되면 결국 말을 하는 사람이 화를 입게 된다는 사실을 기억합시다. 거기에 경청의 자세를 갖춘다면 더할 나위 없이 좋고요.

장자도 어려워했던 오십의 말투

《장자》의 〈인간세(人間世)〉는 사람 사는 세상이 무엇이고 어떻게 살아가야 하는지를 이야기합니다. 사람 사는 세상은 또 다른 사람과 함께하는 세상을 의미합니다. 그리고 타인과 세상을 공유하기 위해서는 말이 필요합니다. 그러나 말은 늘 하는 것이기에 그만큼 실수도 자주 합니다. 말로 무엇인가를 얻으려 하지만 이익보다 손해를 보는 경우가 많습니다.

말이 어려운 이유는 말의 내용뿐만 아니라 말의 형식인 말투까지 고려해야 하기 때문입니다. 말투는 그 사람의 전체적인 이미지를 보여 줍니다. 어쩌면 버릇을 넘어서 한 사람의 전부와도 같지요. 아무리 말의 내용이 좋아도 그것을 포장하는 말투가 나쁘다면 결국 나쁜 말이 됩니다.

그런데 우리의 말투는 과연 어떻습니까. 옳은 말만 하면 된다고 생각한다면 착각입니다. 장자의 이야기처럼 좋은 말도 쓸데없이 넘치면 타인과 불화를 일으킬 수 있거든요. 누구든 넘치게 말하면 예상치 못한 비극을 불러오기도 합니다. 특히 자기의 생각이 확고한 오십에는 '내가 옳다'는 생각이 말을 넘치게 하여 문제를 일으키기가 쉽지요.

오래전 친한 후배가 겪었던 이야기입니다. 영업 사원이었던 후배는 대형 고객을 모시게 되었습니다. 참고로 후배는 A라는 기술을 전문적으로 다루던 회사에 다니다가 이직을 하게 되었는데, 새롭게 입사한 회사에서는 후배가 이 기술을 최고 수준으로 알고 있는 상태였습니다. 회사에서는 그가 역량이 충분하다고 판단하여 대형 고객사를 맡겼지요. 후배는 자신의 전문적인 역량을 발휘하며 한동안 잘 지내는가 싶었습니다.

하지만 곧 어긋나기 시작했습니다. 고객과 커뮤니케이션을 할 때 후배의 풍부한 전문 지식이 오히려 독이 되었습니다. 고객사 담당자보다 더 많이 알고 있다고 생각한 후배가 협의하거나 요청 사항에 회신을 할 때 이런 말투를 사용한 것입니다.

"담당자께서 잘 모르시는 것 같은데, 제 이전 직장이 A 기술 전문 회사였습니다. 이 내용은 당연히 알고 계셔야 하는데 모르시는 것 같아 안내합니다."

불필요한 말, 굳이 할 필요가 없는 말이 결국 고객을 자극했습니다. 상대방을 다소 낮추어 보는 말투가 불쾌감을 주었고 결국 고객 담당자는 영업 사원을 즉시 다른 사람으로 교체해 주기를 요구하면서 이렇게 불만을 표시했다고 합니다.

"현재의 영업 사원은 클라이언트를 대하는 기본적인 애티튜

드(attitude)에 문제가 있습니다."

말투와 글투는 사람의 태도를 그대로 드러냅니다. 그래서 조심해야 하는데 그게 참 어렵습니다. 일미지언(溢美之言)과 일악지언(溢惡之言)이 멀쩡한 우리의 발목을 잡게 되는 것이지요. 프랑스에는 '말을 주고받을 때는 금화와 은화만 사용하시오'라는 격언이 있다고 합니다. 금화와 은화처럼 조심스럽게 다뤄야 할 말과 글을 넘치게 하다가는 봉변을 당합니다.

인생의 비극은 인생이 짧다는 것 자체에 있지 않습니다. 한정된 시간 속에서 정말 중요한 것을 너무 늦게 깨닫는 데에서 비롯된다고 하지요. 우리는 행복해지기 위해서 필요한 것이 무엇인지 지금 찾아야 합니다. 그리고 당장 실천해서 삶을 개선할 수 있어야 합니다. 그리고 좋은 말이든 나쁜 말이든 넘치지 않도록 경계해야 합니다.

오십에 해야 할 일은 오로지 내가 지금 나를 잘 바라보고 있는지, 나와 잘 소통하고 있는지, 남을 잘 바라보고 있는지, 남과 잘 소통하고 있는지, 그리고 나와 남 모두에게 기쁨을 주고 있는지 확인하는 것입니다. 이것만으로도 삶은 어느 순간 내가 바라고 꿈꾼 것 이상의 선물이 되어 있을 겁니다.

존경받는 어른이 되고 싶다면
그저 존재하기만 할 것

서 있을 뿐 가르치지 않고
앉아 있을 뿐 의견을 내세우지 않는다

立不敎 坐不議
립불교 좌불의

왕태는 발이 하나가 없습니다. 그런데 그를 따라 배우려는
자가 선생님의 제자와 노나라 인구를 반씩 갈라 나눠 가질
정도입니다. 그는 서 있을 뿐 뭔가를 가르치지도 않고, 앉아
있을 뿐 무언가를 의논하는 것도 아닌데 빈 마음으로 왕태
를 찾아간 사람은 무엇인가를 가득 얻고 돌아갑니다.

王駘(왕태) 兀者也(올자야) 從之遊者(종지유자) 與夫子中

分魯(여부자중분로) 立不敎(립불교) 坐不議(좌불의) 虛而往(허이왕) 實而歸(실이귀)

내편〈덕충부〉中에서

오십은 새롭게 태어나기 위한 변화를 눈앞에 둔 시기입니다. 인생을 다시 쓸 준비를 해야 하지요. 물론 그동안의 노력도 무시할 수는 없을 것입니다. 남들을 가까스로 따라잡고 뒤처지지 않기 위해 이를 악물고 달렸습니다. 그리고 저마다 나름대로의 성공을 이루어 냈을 것입니다. 하지만 따라잡고 따라잡히는 시간이 지나고 조심스레 인생의 성적표를 열어 보니 기대와는 달리 후회가 가득합니다. 오십이 되면 충만한 가을이 올 줄 알았는데 오히려 황량해진 겨울처럼 느껴지는 이유는 뭘까요.

저는 그 이유가 존재할 줄 모르기 때문이라고 생각합니다. 나의 자리에서 세상을 편안하게 바라볼 수 있어야 하는데 오십이 되어서도 여전히 세상의 욕망에 휩쓸려 다니니 더 강한 자극이 아닌 이상 헛헛한 마음이 드는 건 당연한 일일지도 모르겠습니다. 오십 이전의 문법으로 오십 이후를 살려다 보니 덕이 없는 사람으로 취급되기도 하고요. 사실 덕이란 개인의 내적 품성에 한정되는 개념이 아니라 내적인 힘으로 타인을 끌어들이는 힘에 가깝습니다. 이 힘이 약하다 보니 내 의지와 상관없이 문제가 생길 때 오히려 일상이 어지럽게 되는 것이지요.

텅 빈 마음일 때
비로소 보이는 것들

저부터 반성합니다. 저는 제가 아는 것이 전부라는 교만함 때문에 인간관계를 제대로 살피지 못했습니다. 그리하여 오십이 되고부터는 마음가짐을 재정비하기로 했습니다. 그 시작은 '제로 베이스'에서 모든 것을 바라보는 일이었지요.

제로 베이스에서 시작한다는 건 나와 다른 사람을 비교하려 들지 않고, 계산하지 않으며, 그저 내가 좋아하는 일과 잘할 수 있는 일이 무엇인지 찾아 실천해 보는 것입니다. 그리고 나와 다르다고 해서 상대방을 차별하지 않고 있는 그대로의 모습을 인정해 주는 일입니다.

지금 당장 세상의 인정을 받지 못한다고 해서 주눅 들 필요가 없습니다. 세상이 나를 알아준다고 해서 우쭐할 필요도 없습니다. 빛이 있으면 그림자가 있듯이 인생은 계속해서 변화합니다. 그러니 그저 자신의 길을 묵묵히 가면 그뿐입니다.

오십에 남은 인생은 그리 길지 않습니다. 죽음이 우리를 데려가기 전까지 이 세상과 최고의 관계를 맺는 것, 그것이 오십인 우리에게 남은 유일한 과제입니다. 세상에는 옳은 것도 그른 것도 없고 단지 생각의 차이만 있습니다. 나와 다른 상대방과 화해하십시오. 차이를 받아들이는 태도는 오십 이후의 삶을 제대로 누리게 해 주는, 그래서 지금 당장 장착해야 할 인생의 도구입니다. 이를 위해서 필요한 것이 바로 제로 베이스입니다. 장자의 말로는 '비움'이라고 합니다.

장자는 '왕태'라는 인물과 그를 찾아간 사람들의 이야기를 통해 비움의 중요성을 이야기합니다. 왕태는 발이 하나가 없습니다. 전국 시대에 발이 하나 없다는 건 어떤 죄를 지어 발이 잘렸음을 의미합니다. 상당히 중한 벌이었겠지요. 그럼에도 불구하고 그에게 배우려는 자가 공자의 제자, 노나라 인구를 반씩 갈라 나눠 가질 정도라고 합니다.

저라면 여기서 '왜 이렇게 발이 잘렸을까?' 혹은 '도대체 어떻게 발이 잘렸을까?'라는 의문이 생겼겠지만 장자는 그런 잡스러운 생각에 전혀 관심이 없습니다. 장자의 관심은 오직 하나

입니다. 왕태가 어떻게 사람을 불러들이는 덕을 가질 수 있었
는지에 집중했지요. 왕태는 자기 의지와 관계없이 어쩔 수 없
이 일어난 외적인 문제에 휘둘리지 않았습니다. 오히려 사람을
만나며 능동적으로 행동한 덕분에 덕을 갖추게 되었지요.

왕태의 인기 비결은 화려한 언변도, 찬란한 외모도 아니었습
니다. 그는 자신을 찾아온 수많은 사람에게 뭔가를 가르치지도
않았고, 의논하려 하지도 않았습니다. 다만 그저 서 있거나 앉
아 있을 뿐이었지요. 그런데 왕태를 찾아간 사람들은 왕태의
바로 그 무덤덤한 모습에 매혹됩니다. 그저 매혹된 정도가 아
닙니다. 마음속 허전함을 지니고 왕태를 찾아갔던 그 많은 사
람은 무엇인가를 가득 얻고 돌아간다고 합니다. 여기에서 교훈
을 얻습니다.

하나, 가르치려 하지 말 것.
둘, 괜한 의견은 자제할 것.
셋, 그저 곁에 있을 것.

하나 더 언급하고 넘어가야 할 부분이 있습니다. 저는 개인
적으로 왕태의 무덤덤함보다 '빈 마음'으로 그를 찾아간 사람들

의 지혜가 더 인상 깊었습니다. 그들은 마음을 비웠기에 자신에게 필요한 것으로 다시 채울 수 있었을 겁니다. 저는 무엇인가를 배우기 위해 자기 마음을 비운 채로 왕태를 찾아간 수많은 사람의 결연한 모습이 아름답게 느껴졌습니다.

비움에 이르는 실천적 기술, 걷기

비움에 이르는 방법, 이왕이면 일상에서 쉽게 실천할 수는 없을까요. 여러 가지 방법이 있겠으나 저는 에스키모인의 일화가 떠오릅니다. 에스키모인은 화가 나면 무작정 걷는다고 합니다. 아무 말 없이 혼자서 화가 풀릴 때까지 얼음 평원을 걷다가 화가 풀리면 집으로 돌아간다고 합니다. 그렇게 비움에 이르나 봅니다.

화가 날 때, 또는 마음이 복잡할 때 집을 나와 30분 정도 걸어 보세요. 공원이 아니어도 좋고 한강이 안 보여도 무방합니다. 걷다 보면 현재의 내 상태가 보입니다. 1시간을 걸으면 나의 과거가 떠오를 테고요. 그 이상을 걷다 보면 나의 미래가 보일지도 모릅니다. 걷기를 통해 과거의 선입견을 비우고 새로운 것을 채울 준비가 된 자신을 발견하는 것입니다.

걷기 하면 또 빠지지 않는 사람이 있습니다. 철학자 니체입니다. 니체는 이렇게 말했을 정도로 걷기를 사랑했습니다.

"진정 위대한 모든 생각은 걷기로부터 나온다."

니체는 35세의 나이에 교수직에서 퇴직해야 할 정도로 병약했는데, 그런 자신을 치유하기 위해 산책을 시작했고 걷기를 일상에서 자신을 여행하는 기술로 활용했다고 합니다. 도시와 사람들, 번잡한 장소로부터 최대한 멀리 벗어나는 것, 고요함 속에서 광대한 내면을 관찰하는 것이 니체의 행복한 습관이었습니다. 그는 마음을 비우기 위해 걸었고, 그 덕분에 위대한 사상을 일궈 냈습니다.

가끔은 혼자가 되어야 합니다. 처절하고 괴로운 시간과 공간에서 벗어나 내 인생을 새롭게 바라볼 수 있는 계기를 마련해야 합니다. 쉬지 않고 달려왔다면 이제는 잠시 멈추고 새롭게 생각하기 위해 정적을 되찾을 때가 되었습니다. 그동안 우리는

'아무것도 하지 않는 것'의 고귀함을 외면했습니다. 자신을 끊임없이 채우기만 했지요. 하지만 이제는 쓸데없는 걱정은 비우고 진정으로 원하는 것들로 다시 채워야 합니다. 비우기 위해 걷는 것도 좋고 비슷한 다른 활동도 좋습니다. 채우기 위해 비워 보십시오. 비워진 자리에 좋은 생각, 좋은 사람으로 다시 채울 수 있도록 말이지요.

오십이 되면 가장 먼저 할 일,
사랑하는 사람을 위해 밥 짓기

삼 년 동안 집 밖으로 나가지 않고
오로지 아내를 위해 밥을 짓다

三年不出 爲其妻爨
삼년불출 위기처찬

열자는 자기가 제대로 학문을 하지 않고 있었음을 깨닫고 집으로 돌아갑니다. 삼 년 동안 집 밖을 나가지 않고 아내를 위해서 밥을 하였습니다. 돼지 기르기를 사람에게 밥 먹이듯이 했습니다. 세상일에 대해 좋아하고 싫어함이 사라지게 되었습니다.

然後列子自以爲未始學而歸(연후열자자이위미시학이귀) 三

年不出(삼년불출) 爲其妻爨(위기처찬) 食豕如食人(식시여식
인) 於事無與親(어사무여친)

내편〈응제왕〉中에서

오십이 되어 가장 먼저 할 일이 무엇이라고 생각하시는지요.
무엇이든 좋으니 우리가 할 수 있는 것, 특히 그동안 할 수 있
었음에도 해 보지 않았던 것부터 시작해 보면 어떨까요? 아침
에 눈을 뜨면 보이는 모든 것에 고맙다는 인사를 하는 것, 소중
한 가족과 친구에게 더 자주 웃고 친절하게 대해 주는 것도 좋
겠습니다. 발이 닿는 곳과 만나는 모든 인연을 존중하고 일상
을 즐기려는 마음가짐으로 말입니다.

조계사 신중 기도회향법회에서 원명 스님이란 분이 이렇게
말씀하셨다고 합니다.

누군가의 마음을 아프게 했다면 미안하다는 생각에 머물지 말
고 "미안하다" 전해야 합니다.
누군가에게 감사한 마음이 들었다면 "고맙습니다" 전해야 합
니다.

그립고 사랑하는 사람들에게 "사랑합니다" 전해야 합니다.

나로 인해 마음 아팠던 사람들이 나를 용서한다면 그것이 바로 업장이 녹는 것입니다.

나의 진심이 사람들의 마음에 전해져 미소 짓게 한다면 그것이 바로 복을 쌓는 것입니다.

나로 인해 마음 아팠던 모든 존재에게 진심으로 참회하며 용서를 구합니다.

"미안합니다. 용서하세요."

"고맙습니다. 사랑합니다."

〈미디어조계사〉, 2020년 2월 18일

불교 신자는 아니지만 이런 좋은 말씀은 꼭 품에 간직하고 싶습니다. '미안합니다, 고맙습니다, 사랑합니다'라는 말은 얼핏 세상에서 가장 흔한 말인 것 같지만 정작 우리의 입에서 잘 나오지는 않는 말입니다.

왜 이 말들은 그토록 전하기 어려운 걸까요? 아마 성장 과정에서나 성인이 되어 생활하는 과정에서 자주 듣지 못했기 때문이 아닐까 합니다. 듣지 못한 것을 말할 수는 없는 거니까요. 또 다른 이유를 찾아본다면 우리의 지독한 편견과 의심 때문일지도 모르겠습니다.

삶에는 행복과 불행이 쉴 새 없이 끼어듭니다. 우리는 그 혼란한 상황 속에서 선택의 순간을 맞이하게 되지요. 안타깝게도 그 과정에서 내 주변의 사랑하는 사람들을 소홀히 대하는 경우가 있습니다. 소중한 사람에게 '미안합니다, 고맙습니다, 사랑합니다' 이 세 마디를 제대로 꺼내지 못합니다.

그렇게 살다 보니 주변은 온통 적들만 남습니다. 그뿐인가요? 누군가로부터 진심이 가득한 사과의 말, 고마움을 표현한 말, 사랑의 언어를 들으면 있는 그대로 받아들이지 못하게 됩니다. 그러다 나를 사랑하는 누군가의 조언마저 외면해 버리기도 합니다.

사랑하는 사람을 놓치고 싶지 않다면 나부터 다스려야 합니다. 그러려면 내가 할 수 있는 일부터 시작해야 합니다. 아무리 공부를 열심히 해도 수천 대 일의 경쟁을 뚫어야 하는 어려운 시험에는 합격하기가 어렵습니다.

하지만 그에 비해 누군가에게 좋은 사람이 되는 일은 지금 당장 얼마든지 실천할 수 있습니다. 그러므로 당장 내가 할 수 있는 일부터 시작하는 것이 우리가 오늘의 행복을 가꾸는 확실한 방법입니다.

물론 여전히 내면에 자리한 학습된 공격성이 두렵습니다. 이 세상의 잔혹함에 맞서기 위해서 자기가 세다는 걸 증명해야 했던 날들도 있었습니다. 마치 내가 더 크다고 배에 한껏 공기를 집어넣다가 배가 터져 버린 개구리처럼 살아왔습니다. 반평생을 이리저리 치이며 살았는데 한순간에 오십에 변화하기가 그리 쉽지는 않겠지요.

억지로 자아를 억눌러 왔던 오십의 마음은 휴화산과 같습니다. 이제는 편해지고 싶은데, 여유로워질 때가 되었는데 언제 터질지 모르는 분노가 그렇지 못하게 만듭니다. 오십에 이르러서도 여전히 자신을 통제하지 못하는 경우도 흔합니다. 욱하는 일이 서른, 마흔일 때보다 더 많아지는 이유 역시 경쟁의 그늘에서 수십 년을 시달렸기 때문일 것입니다.

그래서일까요? 유독 오십 무렵에 실수하는 사람이 많습니다. 단 한 번 삐끗했을 뿐인데 그동안 쌓아 왔던 부와 명예가 모두 급전직하로 추락합니다. 이에 대한 위기의식을 오십의 우리는 반드시 느끼고 있어야 합니다.

그렇다면 주변의 모든 것을 따뜻하게 바라보고, 사람들과 잘 지내면서 평화와 행복을 얻는 방법은 무엇일까요?

소소하지만
확실한 행복

'기로회(耆老會)'를 아십니까? 고려와 조선 시대에 걸쳐 연로한 고위 문신들의 친목 및 예우를 위해 베풀던 연회를 지칭합니다. 고려 때는 주로 관직에서 은퇴한 선비들의 모임을 의미했고, 조선에 들어와서는 기로소에 들어간 신하들을 위한 연회의 뜻으로 쓰였답니다. 고려 시대에 행해졌던 기로회는 사적 모임의 성격이 강했지만 조선 시대에는 나이가 많은 임금이나 관직에서 물러난 일흔이 넘는 정이품 이상의 문관들이 참여하는 단체였습니다.

기로회에 쓰인 '늙을 기(耆)'는 원래 나이 예순을, '늙을 노(老)'는 일흔을 뜻한다고 합니다. 이렇게 보면 오십은 아직 노인이라고 말하기 이른 시기이지요. 지금보다 평균 수명이 훨씬 짧았던 조선 시대에도 '늙음'의 기준은 최소 나이 예순 이상부터였으니까 말입니다.

기로회는 조선 태종 이후 급격하게 존재감을 잃습니다. 그 이유는 기로회가 왕의 정치적 판단에까지 영향을 주는 횟수가 많아지자 태종이 기로회의 권한을 축소했기 때문입니다. 영향력을 미치려 했다가 되려 영향력을 잃게 된 셈입니다. 예순과 일흔의 지혜를 인정해서 만들어진 기로회는 그렇게 사라져 버렸습니다.

그렇다면 기로회의 구성원들은 그 이후에 어떻게 지냈을지 궁금해집니다. 만약 직(職)을 잃은 허전함에 자기 자신을 학대하지만 않았다면 그들은 비로소 자기만의 행복을 찾게 되지 않았을까 추측해 봅니다. 역설적으로 공직에서의 퇴출이 새로운 세상으로 향하는 출구가 된 것이죠. 우리가 세상에 태어난 이유, 행복하게 살기 위한 첫걸음을 비로소 시작할 수 있었을 거라고 여겨집니다.

'소확행(小確幸)'은 이제는 익숙한 용어가 되었습니다. 소소하지만 확실한 행복의 줄임말로, 일본 작가 무라카미 하루키가 처음으로 썼다는 말이지요. 돈, 명예, 권력처럼 크고 화려한 것을 좇기보다는 일상의 소소한 행복이 더 소중하다는 메시지가 담긴 말입니다.

앞에서 본 기로회의 구성원 역시 자신의 행복과는 거리가 먼 거대 담론에서 벗어나 소확행의 길로 접어들게 된 건 아닐까요. 그동안 돌보지 못했던 자신과 가족을 바라보면서 삶의 여유와 행복을 관찰할 기회를 얻게 된 것입니다. 집 주변을 산책하기도 하고, 주방에 들어가 음식도 해 보면서 말입니다.

행복은 저절로 생기는 게 아니라 내가 만들어야 하는 것

이쯤에서 장자의 이야기에 귀를 기울여 봅니다. 열자라는 인물이 있습니다. 그는 계함이라는 무당에게 현혹됩니다. 이때 열자의 스승인 호자는 열자가 무당에게 매혹된 이유가 무당이 제시하는 거짓된 도(道)의 내용이 아닌 형식에 사로잡혔기 때문이라는 걸 압니다. 호자는 열자에게 이렇게 경고합니다.

"도라는 것은 보이지 않는 알맹이가 중요한 것이며 그것을 충실히 갖추어야 이 세상을 살아갈 수 있다."

스승 호자의 말을 들은 제자 열자는 어떻게 했을까요? 열자는 헛된 것에 이끌린 스스로를 부끄러워했습니다. 그리고 그동안 자기가 제대로 공부하지 못했음을 깨닫고 고향으로 돌아가

기로 결심하지요.

그가 고향에서 자신의 부족한 학문적 소양을 갈고닦기 위해 공부에 열중했을까요? 아닙니다. 열자는 귀향 후 삼 년 동안 집 밖에 나가지 않은 채 오로지 아내를 위해 밥을 짓고, 돼지를 기르며 시간을 보냅니다. 그러자 세상일에 대해 좋아하고 싫어하는 마음이 사라졌다고 합니다. 자신 안의 가식과 차별들을 쫓아낼 수 있게 되었으며 흔들리지 않고 중심을 잡으면서 일상을 누리게 되었습니다. 열자만의 소확행에 이른 것이지요.

소확행이라는 단어는 무라카미 하루키가 만들었지만 그 개념은 이미 수천 년 전 《장자》에 나온 열자가 행한 것이었습니다. 그것도 아주 구체적으로 말입니다. 다른 나라의 휴양지나 예쁜 도시에 가지 않고도 집에서 가족, 타인, 동물, 자연과 더불어 살며 행복을 찾은 것입니다.

행복은 결국 나에 관한 것입니다. 정확히는 내 주변을 둘러싼 것들과 어떤 관계를 맺느냐에 관한 문제이지요. 거기에는 나태한 시간을 다루는 것도 포함됩니다. 우리는 철이 들고 나서부터 나태한 시간을 제대로 가진 적이 없다고 여깁니다. 그래서 오십이 되어 시간이 주어져도 어떻게 해야 할지 몰라 전

전긍긍하지요. 나태해질 것인지 적절하게 분주해질 것인지를 결정하는 건 개인의 선택에 따를 뿐입니다. 다만 이때 무엇을 할 것인가는 중요합니다. 여전히 자기 이야기 없이 오직 남의 이야기에만 관심을 쏟고 있다면 아까운 시간을 허비하는 셈이니까요.

오십에는 적절하게 분주해져야 합니다. 그리고 분주해지는 방법을 장자는 열자의 이야기를 들어 설명했습니다. 집으로 돌아가 배우자를 위해 밥을 차리고, 마치 사람을 대하듯이 반려견을 정성스럽게 챙기는 것. 장자에 의하면 이런 소소한 분주함이 모여 오십에 소확행을 이루고 도에 이르게 하는 것이겠지요. 오십의 배움은 생각보다 거창하지 않습니다.

5장

포기 대신 활기

이제부터는
홀가분하게
살기로
했다

인생이라는 작품은
오십부터 그려 가는 것

맛있는 고기를 먹게 되자 울었던 일을 후회하다

食芻豢 而後悔其泣也
식추환 이후회기읍야

여희는 예라는 지역의 관리를 아버지로 둔 딸이었습니다. 어느 날 여희는 진나라에 강제로 끌려가게 되었는데 그때 그녀의 옷깃은 눈물로 흠뻑 젖었습니다. 하지만 진나라 왕 궁에 이르러 왕과 함께 화려한 생활을 하고 맛있는 고기 요 리를 마음껏 먹게 되자 여희는 자신이 끌려올 때 눈물 흘린 일을 후회했다고 합니다.

麗之姬(려지희) 艾封人之子也(애봉인지자야) 晉國之始得
之也(진국지시득지야) 涕泣沾襟(체읍첨금) 及其至於王所(급
기지어왕소) 與王同筐牀(여왕동광상) 食芻豢(식추환) 而後悔
其泣也(이후회기읍야)

내편 〈제물론〉 中에서

누구에게나 반짝이는 순간이 있습니다. 빛나는 과거를 잊지
못하는 경우도 있지요. 하지만 아무리 좋았던 순간이라도 과거
는 신기루와 같다는 걸 알게 되면 씁쓸해집니다. 그럼에도 앞
으로 더 좋아하는 것이 생길 수도 있고, 더 반짝이는 순간이 여
전히 삶에 남아 있습니다. 이 사실을 깨닫지 못하면 섣부르게
포기하고 훗날 후회하게 될지도 모릅니다.

우리는 뭔가를 상실할 때 비로소 우리에게 정말 소중한 것이
무엇인지 알게 됩니다. 삶에 어둠이 찾아오면 평범해 보였던
나의 지난날이 특별하게 느껴지는 것처럼, 소원해진 관계는 그
동안 우리가 무시했던 수많은 사람의 소중함을 일깨워 줍니다.
그렇다고 과거에 주저앉아 있을 이유는 없습니다. 과거의 잘못
을 성장의 기회로 삼아야 합니다. 두려움, 분노, 부끄러움은 오
십의 훌륭한 선생님이니까요.

길은
걸어가는 대로 완성된다

장자는 대단한 이야기꾼이었던 것 같습니다. 어렵지 않고 재미있는 이야기로 큰 깨달음을 주니까요. 여희라는 여인이 있습니다. 예라는 지역에서 살았는데 그곳에서 벼슬을 하던 아버지를 둔 딸이었습니다. 그런 여희가 어느 날 강제로 진나라의 왕궁으로 끌려갑니다. 슬픔과 걱정에 잠긴 여희는 펑펑 눈물을 흘렸는데 그 눈물이 옷깃을 흠뻑 적실 정도였답니다.

그런데 반전이 일어납니다. 여희가 진나라의 화려한 왕궁 생활에 익숙해진 것입니다. 맛있는 고기도 실컷 먹습니다. 풍족한 삶을 누리게 된 여희는 자신이 끌려올 때 눈물 흘린 일을 후회합니다. 어쩌면 이곳에 좀 더 빨리 왔어야 했다고 생각했을지도 모르겠습니다. 말 그대로 '울다가 웃는' 상황입니다.

우리는 어떤 고통과 슬픔이 또다시 나를 괴롭힐까 두렵습니다. 하지만 그렇다고 무작정 불안해할 필요가 있을까요. 오십이라는 나이는 일종의 벽과 같습니다. 그 벽 앞에서 주저앉아 버린다면, 포기하고 뒤돌아선다면 발걸음은 딱 거기에 멈출 수밖에 없습니다. 이 벽은 우리가 세상의 모든 것에 얼마나 열정적으로 대응할 준비가 되어 있는지를 묻고 있는 것입니다. 새롭게 도전하기에는 너무 늦은 게 아닐까 겁이 나기도 합니다. 하지만 사실 겁낼 것 없는 벽일지도 모릅니다. 솜사탕으로 된 벽일지도 모르니까요.

여희는 고향과 세상을 가로막은 벽을 바라보며 슬퍼했습니다. 그런데 우연히 그 벽을 넘어 보니 더 나은 삶이 있었습니다. 오십이라는 나이도 마찬가지입니다. 나이가 많다고 쉽게 무엇인가를 포기하기보다는 우리를 기다리고 있을 새로운 기쁨과 마주하는 선택을 해 보면 어떨까요. 그때 우리는 이렇게 생각할지도 모릅니다. '이럴 줄 알았으면 빨리 오십이 될걸 그랬어!'

여희의 이야기로부터 인생의 지침 하나를 발견하게 됩니다. 내가 지금 즐거워하는 것이 참으로 즐거운 게 아닐 수 있고, 내가 옳지 않은 것이라고 여기는 것이 정말로 옳지 않은 게 아닐 수 있다는 것입니다. 여희의 이야기는 장자의 유연한 생각이 돋보이는 일화가 아닐 수 없습니다. 그리고 한 문장이 문득 떠오릅니다.

길은 걸어가는 대로 완성된다.

道行之而成(도행지이성)

옳고 그름을 분별할 필요도 없고 그저 묵묵히 길을 걷다 보면 오십 이전과는 또 다른 길이 우리를 기다립니다. 어차피 인생은 한바탕의 꿈과 같은 것 아니겠습니까. 이왕이면 악몽일지도 모른다며 지레 겁먹기보다는 신나고 즐거운 꿈일 것이라고 긍정적으로 생각하는 게 낫지 않을까요. 마치 소풍을 떠나듯 새로운 길을 가면서도 길이 만들어지는 과정을 여유롭게 지켜볼 줄 아는 오십이 되라는 장자의 권유가 따뜻하게 느껴집니다.

오십이 되었지만 여전히 나를 부자연스럽게 만드는 가치나 기준 그리고 규범에 얽매이곤 합니다. 장자는 이런 것들에서 벗어나 창조적으로 나만의 길을 가라고 조언하며 불안한 우리의 마음을 다독여 줍니다. 물론 자유가 우리의 일상에 당연한 것으로 느껴지지는 않습니다. 다만 장자의 말에는 우리 앞에 닥친 한계를 그저 자연스럽게 받아들이며 돌파해 가라는 응원이 담겼습니다.

마음을 가볍게 비우면 우리는 도전할 수 있습니다. 어떤 일이 이루어지기 위해서는 조건이 마련되어야 하는데, 그 조건

속으로 뛰어들기를 거부하거나 주저한다면 어떤 일도 이루어지지 않겠지요. 장자의 격려를 통해 우리는 기회가 왔을 때 이를 놓치지 않고 새 출발을 위한 발판으로 삼게 될 것입니다.

생각해 보면 장자는 무엇이 옳고 그른지, 선하고 악한지를 크게 개의치 않았던 것 같습니다. 좀 더 큰 게 있고 좀 더 작은 게 있을 수 있으나, 큰 것을 취해야 한다고 생각하는 대신에 큰 것을 취하면 작은 것도 자연스럽게 취하게 된다는 여유를 갖고 있었던 것입니다. 다만 장자는 '화(化)', 즉 변화에 관심이 있었습니다. 우리를 부자유스럽게 만드는 가치나 기준, 인습이나 규범에서 벗어나 새로운 세상에서 창조적으로 살아가는 변화를 택하는 것이 장자의 사상이었던 셈이지요.

그게 장자가 인생의 길을 만들어 내는 방법이었던 것 같습니다. 그렇습니다. 길은 존재하는 게 아닙니다. 길은 우리가 걷는 대로 만들어질 뿐입니다. 평탄한 길을 걷다가 갈림길에서 우리는 망설입니다. 어느 길이 나에게 더 도움이 되는 길일지 고민하면서요. 사실 우리는 그동안 누군가가 만들어 놓은 길을 좇아 왔습니다. 오십이 되어 보니 이제는 걷는 대로 길이 만들어지는 것을 느낍니다. 미국의 시인 로버트 프로스트(Robert Frost)

가 쓴 시의 한 부분이 생각나는 순간입니다.

단풍 가득한 숲속에 두 갈래 길이 있었습니다. 몸이 하나이니 두 길을 다 가지 못하는 것을 안타깝게 생각하면서, 오랫동안 서서 잣나무 숲으로 굽어 꺾여 내려간 길을 바라보았습니다.

〈가지 않은 길(The Road Not Taken)〉, 로버트 프로스트

당신 앞에 갈림길이 나타난다면 무엇을 선택하시겠습니까. 장자는 말합니다. 그 무엇을 선택해도 된다고요. 그리고 집착에서 벗어난다면 새로운 세상과 만나는 기쁨을 누릴 수 있을 거라고요. 시인 프로스트는 선택의 순간은 다시 돌아오지 않는다는 것을 강조했으나 이에 반해 장자는 한결 여유롭습니다. 그리고 우리에게 권합니다.

'그냥 가 봐. 괜찮아. 가다가 못 가면 다시 돌아와도 좋아.'

더 좋은 것으로
채우기 위해 비운다

멈춰서 머물러 있으니 좋은 일이 생겼다

吉祥止止
길상지지

"저기 저 텅 빈 곳을 보게나. 휑하니 빈방이지만 환하게 밝지 않은가. 멈출 수 있을 때 멈추면 좋은 일은 모이기 마련이라네. 그러니 그쳐야 할 곳에 그치지 못하고 있다면 몸은 앉아 있어도 마음은 달린다고 하며 이를 좌치(坐馳)라고 부른다네. 밖에서 들리고 보이는 것에 휘둘리는 대신 마음으로 듣고 볼 수 있다면 귀신이든 신이든 모두 자신에게 올 것이니 하물며 사람이야 두말할 나위 없지 않겠나. 이것이 바로 만물을 움직이는 힘이라네."

瞻彼闋者(첨피결자) 虛室生白(허실생백) 吉祥止止(길상지
지) 夫且不止(부차불지) 是之謂坐馳(시지위좌치) 夫徇耳目
內通(부순이목내통) 而外於心知(이외어심지) 鬼神將來舍(귀
신장래사) 而況人乎(이황인호) 是萬物之化也(시만물지화야)

내편〈인간세〉中에서

상대방에게 나의 감정을 바닥까지 보여 줘야 답답함이 풀리
던 때가 있었습니다. 이십 대 때였을 겁니다. 그러나 바닥을 보
여 주면 훗날 흉이 되어 돌아온다는 것을 마흔이 넘어서야 깨
달았지요.

지금은 오십이 되었습니다. 능숙하게 저의 감정을 숨길 줄
알게 되었습니다. 하지만 숨기는 것만으로는 문제가 해결되지
않았습니다. 혼자 있고 싶지만 그래도 누군가가 나를 생각해
주기를 바라고, 말하기는 싫지만 그래도 누군가가 말을 걸어
주기를 바라는 모순적인 욕구가 오십이 되어서도 여전히 남아
있습니다. 내가 어떤 사람인지는 내가 제일 잘 아는데도 불구
하고 세상 사람들이 나를 알아봐 주기를 바랐습니다. 어리석은

마음은 오십이 되어도 떠나지를 않았습니다.

비워야 채워짐에도 비울 줄을 모르니 일이 꼬이고 있는 걸 몰랐습니다. 이 삿된 마음을 진정시켜야 삶이 편안해질 텐데 그게 마음대로 되지 않아 답답합니다. 그런 저에게 장자는 이렇게 말했습니다.

"잠시 멈춰 있으십시오. 그럼 다시 채워질 것입니다."

서툴 때가 설렐 때,
그래서 '나이브 라이프(naive life)'

행복은 우리가 마음을 비워 두었을 때 비로소 찾아옵니다. '나이브 아트(naive art)'라고 아시나요? 정규 미술 교육을 받지 않은 일부 작가의 작품 경향을 가리키는 말입니다. 이들은 세련된 기교보다는 즐거움과 충동적인 본능, 자연 발생적인 소박함을 작품에 담는다는 특징이 있습니다. 나이브 아트를 보고 있으면 순진함과 천진난만함이 느껴집니다. 색이 선명하고 세부 묘사가 풍부하다는 특징이 있는데, 실제로 그림을 보면 알

록달록하고 울긋불긋한 것이 보는 재미가 있습니다. 여유롭고 편안해서 작품에 더욱 몰입하게 되었지요.

저는 나이브 아트를 보면 서툴러서 설렌다는 느낌을 받았습니다. 뭔가를 처음 시작할 때의 설렘과 호기심이 그림에 가득 담겨 있거든요. 새로운 인생을 시작하는 오십의 우리에게 마치 잘해 보라며 격려해 주는 듯한 느낌을 받아 마음이 한결 편해졌습니다. 정해진 기교나 기준이 없으니 내가 원하는 방식으로 더욱 몰입할 수 있기에 생겨난 결과일 겁니다.

《장자》에는 '심재(心齋)'라는 단어가 여기저기에 나옵니다. 이 용어는 심(心)과 재(齋)로 구성되어 있습니다. 심이 마음을 뜻하는 건 잘 알고 있을 것입니다. 그렇다면 재가 무슨 뜻인지 궁금하실 겁니다. 재란 고대 사회에서 제사를 지내기 전에 무당이나 샤먼이 금기와 금욕을 하는 준비 과정을 말합니다.

제사는 지금과는 다른 새로운 변화를 간절히 원하기 때문에 지내는 것입니다. 그리고 심재란 스스로 변화하고자 할 때 그 바탕이 되는 것으로, 마음의 무게를 덜어내는 일입니다. 한마디로 마음을 삼간다는 뜻인데 마음을 비울 때 이루어지지요.

장자는 '길상지지(吉祥止止)'라고 말합니다. 좋은 일은 멈춘 곳에 머문다는 뜻입니다. 행복은 비워진 곳에 머문다는 말로 해석할 수도 있겠습니다. 만족할 줄 모르면 부끄러운 일이 생기고, 그칠 줄 모르면 위험한 일이 생깁니다. 만족하고 그칠 줄 알 때 비로소 좋은 일이 쌓인다는 뜻이지요. 멈춰야 할 때를 아는 '지지(知止)'만큼 멈춤을 실행에 옮기는 '지지(止止)'가 중요한 이유입니다.

멈추기 위해서는 나에게로 떠나는 여행이 전제되어야 합니다. 나를 돌아보는 과정에서는 불필요한 명예, 재산, 욕망을 멀리해야 합니다. 가진 것보다 더 많이 원하고 끝없이 만족을 찾는 순환의 덫을 경계할 줄 안다면 삶은 평화로워집니다. 멈춰야 할 때를 알고 멈춤을 실행했을 때 가능한 일들입니다.

장자는 멈추지 못하는 것을 경고합니다.

"그쳐야 할 곳에 그치지 못하고 있다면 몸은 앉아 있어도 마음은 달린다고 하며 이를 좌치(坐馳)라고 부른다네."

마음을 비울 줄 모르면 몸과 마음이 따로따로 움직이는 좌치의 그늘에서 신음하게 된다는 겁니다. 좌치란 몸은 앉아 있으나 마음이 쏘다니는 상태를 뜻하는 용어입니다. 장자가 권하는 '좌망(坐忘)', 즉 '앉아서 잊는다'와 대척점에 있는 말이죠. 장자는 좌치를 극복하라고 합니다. 귀로 듣지 말고 눈으로 보지 말고 마음으로 듣고 보라고 말합니다. 더 나아가 기(氣)로 듣고 보라고 권합니다. 장자는 마음이 고요해졌을 때 비로소 생명력을 되찾고 자연의 흐름과 조화를 이룰 수 있다고 말합니다.

좌치의 상태에서는 불필요한 생각으로 내면이 가득 차 이유도 없이 시끄럽고 분주합니다. 자기만의 생각으로 딱딱하게 굳어 그 무엇과도 통하지 않는 상태에 빠지고 맙니다. 내적으로도 외적으로도 말 그대로 사면초가(四面楚歌)에 이르게 되지요. 자신을 비운 채 세상과 사물을 기다리는 심재의 태도는 무작정 고요하게 사는 게 아닌 세상을 더 적극적으로 마주할 수 있는 잠재력이 가득한 상태가 아닐 수 없습니다.

혼자만의 시간을 잘 보내는
오십의 여유로움

그 사람이 어떤 사람인지 알려면 혼자만의 시간을 어떻게 보내는지 보라는 말이 있습니다. 하지만 그 사람이 혼자 있는 시간을 어떻게 알 수 있단 말인가요. 그렇습니다. 이 말은 누군가를 염탐하라는 말이 아닙니다. 나 자신을 향한 말입니다. 내가 어떤 사람인지는 결국 나만이 알 수 있습니다.

지위와 명성이 중요했던 오십 이전에는 아랫사람, 약한 사람을 어떻게 대하는지를 보고 인격 수준을 명백하게 판단할 수 있었습니다. 하지만 오십 무렵은 자리와 이름을 내려놓고 사회적인 관계망에서 소외되는 시기이지요. 그러므로 오십의 나를 알기 위해서는 타인과의 관계보다는 혼자 있는 시간을 어떻게 보내는지를 들여다보아야 합니다. 진정한 인격자는 보여지는 것보다 내면을 소중하게 여기니까요.

그렇다면 무엇부터 해 볼 수 있을까요. 이제는 뭔가를 하지 않는 것을 해 봅시다. 예를 들면 정말 아무것도 하지 않는 연습을 해 보는 것입니다. 마음이 소용돌이치는 '좌치'에서 벗어나 마음을 비운 상태인 '심재'를 염두에 두면서 말입니다. 아무 일도 하지 않는 시간을 정해 두고 아무것도 하지 않는 것이 오십에 꼭 필요합니다. 멍하니 창밖을 보거나 산책을 하면서 사색에 잠겨 세상의 아름다움을 느끼는 것이야말로 일상을 아름답게 만드는 가장 쉬운 기술이니까요.

오늘의 나를 위해 살기 시작하면 놀라울 정도로 삶에 여유가 생깁니다. 그 여유는 시간뿐만 아니라 공간, 사람과의 관계에도 모두 적용됩니다. 그러므로 혼자만의 시간에 익숙해져야 합니다. 내 시간을 보낼 줄 알면 자연스럽게 다른 사람과도 잘 지낼 수 있게 됩니다.

나를 위해 나를 사는 방법은 여러 가지가 있겠습니다만 그중에서 등산에 대해 이야기해 볼까 합니다. 산에 올라 자연에 눈과 귀, 코와 입을 내어 주면 나 자신으로 존재하는 느낌을 맛볼 수가 있습니다. 그래서 저는 혼자만의 시간을 보내기 어려워하는 분들에게 등산을 권합니다. 사실 산이 아닌 다른 곳도 좋습니다. 복잡한 도시의 거리를 천천히 걷는 것도 좋습니다. 스케치북에 그림을 그리는 것도 좋습니다. 근교에서 자전거를 타는 것은 또 어떠합니까. 그동안에는 돈을 벌기 위한 시간만이 값지다고 생각했지만, 자기를 발견하기 위해 시간을 내는 것 역시 몹시도 근사한 일이라는 걸 깨달을 수 있다면 어떤 활동이든 괜찮습니다.

이 과정에서 잘 듣고 잘 보고 잘 느끼는 연습을 하길 바랍니다. 있는 그대로 보고 듣는 일이 생각보다 쉽지가 않습니다. 하지만 우리는 장자에게 배웠습니다. '좌치'하지 말고 '심재'하라고 말입니다. 오십에는 그렇게 잡스러운 생각에서 벗어날 줄알아야 합니다. 멈출 수 있을 때 멈추면서 말입니다.

집착하는 마음과
과감히 결별하는 용기

시비를 가리는 건
웃어넘기는 것만 못하다

造適不及笑
조적불급소

시비를 가리는 건 웃어넘기는 것만 못하고, 웃음을 즐김은
있는 그대로를 두고 맡기는 것만 못합니다. 세상에 몸을 맡
긴 채 변화를 따르면 곧 하늘과 하나가 될 수 있습니다.

造適不及笑(조적불급소) 獻笑不及排(헌소불급배) 安排而去
化(안배이거화) 乃入於寥天一(내입어료천일)

내편〈대종사〉中에서

오십에 중요한 것은 무엇일까요. 돈과 명예일까요? 아니면 사랑일까요? 저는 오십 이전까지 돈과 명예가 전부였습니다. 그래서 저는 사랑이 그토록 어색했습니다. 사랑에도 훈련이 필요한데 그런 경험을 하지 못한 채로 오십이 되어 버렸으니 거기서부터 문제는 시작되었습니다.

돈과 명예는 통제할 수 없는 변수가 너무나 많습니다. 한순간의 실수로 문제가 생기면 인생이 크게 달라지기도 하지요. 그래서 어떤 사람은 엄청난 돈과 명예를 가졌음에도 불행해 보입니다. 인생의 어느 시점까지는 돈과 명예에 그토록 얽매일 수밖에 없었지만, 편안함과 여유로움을 되찾고 싶다면 그것에 집착하는 마음과 과감히 결별해야 합니다.

돈이 전부인 사람은 돈을 잃은 후에야 비로소 돈이 나를 증명해 주지 않음을 깨닫습니다. 명예가 전부인 사람은 명예가 사라지고 나서야 비로소 그 이름이 가짜였음을 깨닫습니다.

진짜 나를 찾기 위해서는 이것들과 헤어지십시오. 돈과 명예로는 나를 드러낼 수 없다는 사실을 깨달아야 합니다. 그래야 오십 이후의 삶을 진정으로 즐길 수 있습니다. 사랑하는 사람과 함께하면서 말이지요.

세상의 걱정으로부터
해방되는 법

젊었을 때는 근심 걱정이 몸의 이상으로 표현될 수 있다는 걸 몰랐습니다. 오십이 되고 보니 그동안 꾹 참아 왔던 불편한 마음이 터져 나왔다는 것을 알게 되었습니다. 마음이 편해야 몸도 건강해집니다. 젊었을 때처럼 세상의 걱정을 전부 받아들였다간 고갈된 영혼을 마주하게 될 뿐입니다.

잘 살기 위해서 세상의 걱정으로부터 해방되어야 합니다. 장자는 다른 사람의 결점을 두고 굳이 말하려 들지 말고, 웃어넘기기보다는 있는 그대로를 인정해 보라고 말합니다. 돌이켜 보면 우리는 타인의 문제를 지적하는 데 많은 시간을 사용했더군요. 남은 것은 불편한 마음뿐이었습니다. 이것을 미리 알았다면 조금 더 일찍 편안함을 누리지 않았을까 하는 아쉬움이 듭니다. 물론 지금에라도 이를 알아차린 건 행운이니 기꺼이 지난 시간에 저지른 잘못을 받아들이려 합니다.

사람들은 돈이나 명예 때문에 흔들리는 경우가 많습니다. 하지만 장자의 말처럼 자기 스스로 온전하고 무한하며 자유로운 존재임을 안다면 돈과 명예에 넘어지지 않을 겁니다. 돈이 사라지고 명예가 추락한다고 해도 그것들이 나의 본성을 함부로 다치게 할 수 없다는 것을 알 테니까요.

이처럼 내가 내 인생의 주인이 되면 슬픔, 고통과 같은 부정적인 감정도 배움의 요소가 되고 성장의 기회가 됩니다. 물론 그렇다고 해서 모든 집착과 걱정이 순식간에 사라지지는 않을 겁니다. 그래도 장자가 말한 두 가지 원칙을 염두에 두고 고통에서 벗어나는 방법을 찾아 나갈 수는 있습니다.

우리가 무언가에 집착하는 이유는 걱정하는 마음 때문입니다. 걱정은 사실을 직면하지 않았기에 생깁니다. 그러니 걱정을 사실과 분리하는 작업이 우선이겠지요. 그렇다면 어떻게 해야 걱정과 사실을 분리할 수 있을까요? 예를 들면 이런 방법도 있을 겁니다.

1. 진행되는 상황을 구체적으로 적는다.
2. 이와 관련해 자신이 할 수 있는 일을 적는다.
3. 어떻게 할지를 결단한다.
4. 그 결단을 실행한다.

할 수 없다고 좌절하기보다는 할 수 있는 일에 집중해야 합니다. 걱정이나 불행은 현실이 아니라 상상에서 비롯되기 때문입니다. 물론 쉽지는 않겠지요. 걱정과 멀어지는 게 그리 만만치만은 않을 겁니다. 사회 속에서 오십이라는 위치는 걱정과 쉽게 멀어지기 힘든 나이이기도 하니까요.

이런저런 몸부림을 해 봐도 결과는 시원찮을 때가 더 많은 것도 사실입니다. 그럼에도 불구하고 우리는 배우고 또 실행해야 합니다. 인생이 조금씩 나아진다고 믿으면서 말입니다.

과거에 갇히지 말고
오십 이후의 삶을 살아갈 것

아무리 편해도
꿩은 새장에 갇히기를 원치 않는다

不蘄畜乎樊中
불기축호번중

연못에 사는 꿩은 열 발자국을 가서야 먹이를 쪼고 백 걸음을 옮겨야 간신히 물 한 모금을 마십니다.

하지만 그렇다고 꿩은 우리 안에서 길러지기를 바라지 않습니다. 기운은 비록 왕성할지 모르나 마음으로는 불편하기 때문입니다.

澤雉十步一啄(택치십보일탁) 百步一食(백보일식) 不蘄畜乎

樊中(불기축호번중) 神雖王(신수왕) 不善也(불선야)

내편〈양생주〉中에서

오십 대가 되자 주변에 외롭고 쓸쓸하고 우울함을 느끼는 사람들이 많아졌습니다. 그들은 종종 사는 게 재미가 없다고 말합니다. 그래서 저는 생각합니다. 오십이 되었다면 하루하루가 신나야 한다고 말이지요.

당신은 최근에 신난다고 스스로 외친 경험이 있나요? 오십에는 하루하루가 신나야 합니다. 내 안의 신명이 튀어나올 만큼 희열이 가득한 일을 경험해야 하지요. 그렇다면 어떻게 해야 이런 희열을 맛볼 수 있을까요? 돈을 더 많이 벌어야 할까요? 더 높은 자리에 올라서 내 마음대로 권력을 휘두르면 될까요? 아닐 겁니다. 이는 모두 내가 통제할 수 있는 상수(常數)가 아니라 외부의 조건에 따라 변할 수밖에 없는 변수(變數)입니다. 그러므로 불안정한 희열입니다.

저는 깨달음을 얻을 때 느껴지는 행복을 권하고 싶습니다. 예를 들어 볼까요? 새로운 것들과 마주할 때 이전에는 '왜 내가 알던 것과 다른 거야' 하고 우울해했다면 이제는 '새로운 걸 알게 되었다' 하고 깨달음을 기쁨으로 받아들이는 겁니다. 나와 다른 무언가를 받아들이고 새로운 것을 알아내는 즐거움을 알게 된다면 똑같았던 일상에 변화가 생길 겁니다.

그냥 행복할 수 있을 때
그냥 행복할 것

여기 꿩 한 마리가 있습니다. 먹이 한 알을 먹거나 물 한 모금을 마시기 위해서는 열 걸음이고 백 걸음이고 움직여야 합니다. 자연 속에서 살아남기 위해서 수고로움을 아끼지 말아야 하지요. 귀찮고 힘든 일입니다. 하지만 그런 불편함과 고단함을 견뎌야 자유를 누릴 수 있기 때문에 꿩은 묵묵히 자신의 처지를 받아들입니다.

그리고 여기 또 다른 꿩 한 마리가 있습니다. 이 꿩은 고개만 돌리면 사방에 먹이가 가득합니다. 깨끗한 물도 넘쳐 나지요. 단, 새장 속에 갇힌 상태입니다. 이 꿩은 자신의 처지를 어떻게 생각하고 있을까요? 새장 문이 열리고 밖으로 나갈 수 있다면 꿩은 그대로 머물기를 원할까요, 아니면 맛있는 먹이와 시원한 물을 두고 저 멀리 자연의 품을 향해 날아오를까요?

오십에 이르러 그동안의 내 모습을 돌아봅니다. 비록 풍족하지는 않았지만 자유를 즐기며 미소 짓는 하루하루를 보냈는지, 아니면 먹을 것은 충분했지만 내 마음대로 하지 못하는 괴로움 속에서 하루하루를 버텨 냈는지 말이죠. 하지만 이제 한 가지만큼은 확실히 압니다. 이제 새장에 갇혀 길러지기를 바라진 않을 것 같다고요. 장자의 말처럼 그 안에서 힘은 아낄 수 있을지 모르겠지만 마음은 매우 불편하기 때문입니다.

하지만 우리는 여전히 스스로 이런저런 새장에 자기를 가둡니다. 일터와 같은 물리적인 공간뿐만 아니라 돈이나 명예와 같은 추상적인 개념의 새장에도 나 자신을 가둡니다. 그뿐인가요. 이미 지나간 일들을 두고두고 곱씹으며 후회와 아쉬움 속에 현재의 나를 가둡니다. 오십이 되어서도 여전히 극복하지 못한 채로 말입니다.

그냥 행복할 수 있습니다. 그런데 행복과 불행을 비교하며 생각하면 행복할 수 없습니다. 이 공간이 행복한 공간인가, 이 시간이 행복한 시간인가를 고민하는 순간부터 행복은 올 수가 없습니다. 그러니 뭔가에 갇히지 말고 그냥 현재 느껴지는 행복을 있는 그대로 누려야 합니다.

반추라는 말이 있습니다. 어떤 일을 되풀이하여 음미하고 생각한다는 뜻으로 우울증을 진단할 때 가장 먼저 확인하는 사항이라고 합니다. 일종의 집착일 수 있겠습니다. 예를 들어 오십이 되었지만 수십 년 전의 사건에 집착하는 게 대표적입니다. 예를 들어 이런 생각이 그러합니다.

'그때 그 사람은 나한테 왜 그랬을까?'

지금 눈앞에 보이는 아름다움을 바라보지 못하고 이미 지나간 과거에 선 자신의 초라한 모습에 집중하기를 멈추지 않습니다. 물론 자신을 돌아보는 일은 필요합니다. 하지만 현재의 자신 역시 객관적으로 들여다보십시오. 그뿐입니다. 굳이 몇 년 전, 수십 년 전의 일들까지 끄집어내어 오랫동안 반성의 울타리에서 살아갈 이유는 없습니다. 누군가에게 한 잘못이 마음에 걸린다면 지금 당장 사과하면 됩니다.

이제는 누구를 탓하는 일도, 자신을 탓하는 일도 그만두어야 합니다. 누구 때문에 하지 못했고 누구 때문에 이렇게 되었다고 말하는 건 스스로 새장 속으로 들어가 버린 꿩이 된 것과 같습니다. 굳이 하지 않아도 될 후회도 있습니다. 괜한 자책감에 사로잡혀 자신을 낮잡아 볼 이유는 없습니다.

어느 날 지인 한 명이 제게 이런 고백을 했습니다. 어릴 적에 부모와 관계가 좋지 않았다고 하더군요. 특히 아버지는 폭언과 폭행을 일삼았답니다. 그런데 성인이 된 이후에도 아버지는 왜 용돈을 주지 않느냐며 괴롭혔다고 하지요. 그분은 결국 정신건강의학과에서 치료를 받았고 자신을 고통스럽게 한 부모에게 당당히 절연을 선언하는 데 성공했답니다.

그렇게 다 해결되었다고 생각했지만 뭔가 가슴 한구석이 꽉 막힌 듯 답답해서 다시 병원을 찾아갑니다. 의사 선생님은 부모에게 절연을 선언한 자신의 행동을 보고 잘했다며 격려해 주었고 그분은 서럽게 울먹였다고 합니다. 그리고 이를 지켜보던 의사 선생님이 이렇게 말했답니다.

"부모님과 절연했지만 여전히 부모님을 짝사랑 중인 것처럼 느껴졌어요. 어쩌면 지금도 원하는 사랑을 부모가 주지 않을 걸 알면서도 그 사랑에 집착하고 있는 건 아닐까요."

과거라는 새장 속에 갇힌 꿩의 모습이 보이는 것 같습니다. 이제는 내 마음의 평화를 위해서라도 조금씩 노력해야 할 때입니다. 다른 건 몰라도 현재의 행복에 집중하지 못하고 과거의 불행에 집착하는 모습만큼은 이겨 냈으면 합니다.

오십이 된 여러분이 즐거운 결심만 하고 살았으면 좋겠습니다. 괜히 자신을 괴롭히는 극기 훈련과 같은 일들은 그만하십시오. 대신 진심으로 좋아하는 일에 집중할 수 있는 하루하루가 되기를 바랍니다. 그것이 오십에 누려야 할 모습의 시작이자 끝 아니겠습니까.

오늘의 아름다움에 집중하지 못하고 과거의 울타리에 집착하는 불행은 오늘 당장 끝내야 합니다. 행복을 내일까지 미룰 이유는 없으니까요.

인생을
홀가분하게 만들어 준
장자의 지혜

누구나 한 번쯤 호접지몽(蝴蝶之夢) 이야기를 들어 보았을 겁니다. 어느 날 장자가 잠을 자는데 나비가 된 꿈을 꾸었습니다. 나비가 되자 몸도 가뿐하고 날갯짓도 가벼워 여기저기를 훨훨 날아다니며 자유를 만끽합니다. 날씨도 좋고 마음도 즐겁습니다. 장자는 꿈속에서 나비가 된 것을 즐기면서도 정작 자신이 장자라는 사실은 알지 못했습니다. 그리고 꿈에서 깨자 다시 장자 자신으로 돌아옵니다.

하지만 나비가 되어 날아다니던 꿈이 너무나 생생한 나머지 장자는 이런 생각을 합니다.

'원래 나는 나비였는데 장자가 된 꿈을 꾼 것인가?'

호접지몽은 장자의 이야기 중에서도 대중에게 잘 알려져 있습니다. 장자가 이를 통해 우리에게 말하려는 건 무엇이었을까요? 아마도 읽는 사람에 따라 해석이 다를 수 있겠지만 저는 이렇게 받아들였습니다. 세상 모든 것에 구별은 있지만 그것이 차별이 되어서는 안 되고, 있는 그대로의 모습만큼이나 변화하는 모습 역시 아낌없이 인정해야 한다고 말이지요.

장자와 나비는 겉모습이 달라 구별할 수 있습니다. 하지만 둘 중 무엇이 좋고 나쁜지와 같은 잣대를 들이밀거나 차별하는 것은 어리석습니다. 나비는 나비의 존재 그대로, 장자는 장자의 존재 그대로 인정하면 될 것입니다. 설령 나비가 장자로 변화했다고 할지라도 변화한 모습 역시 받아들일 수 있어야 한다는 것이지요.

장자는 호접지몽 이야기를 통해 시시비비를 가리는 데에 에너지를 낭비하고, 차이를 차별과 혐오로 증폭시키며 대립과 갈등에 몰두하던 우리를 향해 조언했던 것입니다. 모든 존재를 있는 그대로 인정하는 정신적 자유와 마음의 유연성을 얻어 평온과 행복에 이르라고 말입니다.

개인적으로 2021년의 가을과 2022년의 봄은 최악의 시기였습니다. 저는 살면서 처음으로 그 어떤 것도 위로가 되지 못하는 경험을 했습니다. 믿었던 사람들에게 배신을 당했고 더 나아가 그들이 보내는 시기와 질투로 괴로웠습니다. 마치 출구도 없이 사방으로 둘러싸인 벽에 갇힌 기분이었습니다. 말 그대로 숨을 쉬는 게 힘들더군요. 주변의 모든 사람이 저를 외면하고 저에게 손가락질하는 것 같았습니다. 힘든 상황에서 저는 꼼짝없이 시들어 가고 있었습니다.

오십 정도면 그냥 지금까지 살아온 대로 쭉 살아도 되는 줄 알았습니다. 그래서 이십 대, 삼십 대 그리고 사십 대 때 터득했던 방법들로 지금의 문제를 극복하고 이겨 낼 수 있다고 믿었습니다. 하지만 아니었습니다. 오십 이후의 시간은 새롭게 다가오는 또 하나의 과제였습니다. 오십에는 오십에 맞는 새로운 삶의 지혜가 다시 필요했습니다. 하지만 스스로 깨우치기에는 한계가 있었습니다. 처음으로 맞이한 갈등과 갑작스럽게 찾아온 여러 가지 인생의 쓴맛에 아무런 준비도 되어 있지 않았지요. 무방비 상태에서 힘든 일이 계속 생기자 저는 마음의 문을 닫아 버리려고 했습니다.

그때 우연히 장자를 만났습니다. 마흔 즈음에는 스쳐 지나갔지만 다시 만난 장자는 여러 가지 이야기를 들려주었고 제가 힘든 일을 겪더라도 지치지 않고 다시 살아갈 수 있는 탄력성을 선물해 주었습니다.

저 역시 즐겁고 기쁜 일을 겪을 땐 나비가 되어 있었습니다. 그러나 힘든 일을 겪을 땐 나비가 아니라 바퀴벌레가 되었던 것 같습니다. 세상으로부터의 공격에 움츠러들어서는 분노의 시선으로 세상을 저주하면서 말입니다. 제가 만약 장자를 만나지 못했다면 아마도 부정적인 감정에 얽매여 타인을 미워하고 인생을 비관하는 데 시간을 낭비하지 않았을까 생각합니다.

다행히도 저는 장자의 호접지몽으로부터 제가 '바퀴벌레가된 것'이 아니라 '바퀴벌레 꿈을 꾸고 있음'을 깨달았습니다. 그런 꿈을 꾸었다고 해서 인생을 포기할 이유는 절대 없을 겁니다. 그렇습니다. 저는 이제 어떤 꿈을 꾸든 꿈속의 내 모습은 그것대로 인정하고, 꿈에서 깨면 돌아오는 원래의 내 모습도 인정하면서 덤덤하게 살 수 있을 것 같습니다. 이런저런 일상의 어려움에 부딪혔을 때 그것이 길몽인지 악몽인지를 고민하기보다는 그저 꿈이었다는 사실을 넉넉하게 이해할 수 있게 되었습니다. 다행입니다.

책을 끝까지 읽어 주셔서 고맙습니다. 이제부터는 일상을 평온하게 즐길 줄 아는 여유와 자유를 누리기를 바랍니다. 인생은 계속 변화할 수밖에 없습니다. 그것을 자연스럽게 받아들이고 세상의 순리를 따르면 삶에 평화가 찾아온다는 장자의 말을 믿어 보면 어떨까요? 오십 이후의 삶에 장자의 태도를 참고한다면 시끄러웠던 마음이 고요해질 것입니다.

오십부터는 사람, 그리고 사물을 바라볼 때 어떠한 의도를 가지고 관찰하기보다는 있는 그대로의 본질을 바라보고 인정할 수 있게 되기를 바랍니다. 그렇게 오십 이후의 시간을 너그러운 마음으로 채울 수 있다면 장자와 함께 떠났던 우리의 짧은 여행은 아주 근사했다고 말하고 싶습니다. 세상의 벽을 마주할 때마다 장자의 이야기에 귀를 기울여 보기를 바랍니다.

김범준

· 부록 ·

오십에 새겨야 할
장자 속 한 줄

◈ 오십에 새겨야 할 장자 속 한 줄

1장

01. 名者實之賓也 명자실지빈야

   : 이름이란 실재하는 것의 손님에 불과하다

   堯讓天下於許由曰 … 夫子立 而天下治 而我猶尸之 吾自視缺然 請
   致天下 許由曰 子治天下 天下旣已治也 而我猶代子 吾將爲名乎 名
   者實之賓也 吾將爲賓乎〈소요유〉中)

02. 無所可用 安所困苦哉 무소가용 안소곤고재

   : 쓸모가 없기에 고통 없이 편안하다

   今子有大樹 患其無用 何不樹之於無何有之鄕 廣莫之野 彷徨乎無爲
   其側 逍遙乎寢臥其下 不夭斤斧 物無害者 無所可用 安所困苦哉〈소
   요유〉中)

03. 聖人不由 而照之於天 성인불유 이조지어천

   : 성인은 시시비비를 가리는 대신 하늘의 이치를 따른다

   方生方死 方死方生 方可方不可 方不可方可 因是因非 因非因是 是
   以聖人不由 而照之於天 亦因是也〈제물론〉中)

04. 爲善無近名 위선무근명

: 착한 일을 하되 이름에 집착하지 않는다

爲善無近名 爲惡無近刑 緣督以爲經 可以保身 可以全生 可以養親

可以盡年(〈양생주〉中)

05. 汝遊心於淡 合氣於漠 여유심어담 합기어막

: 마음은 맑게, 기운은 넓게

天根遊於殷陽 至蓼水之上 適遭無名人而問焉 曰請問爲天下 無名人

曰 去汝鄙人也 何問之不豫也 … 汝遊心於淡 合氣於漠 順物自然而

無容私焉 而天下治矣(〈응제왕〉中)

2장

06. 今者吾喪我 금자오상아

: 이제 나는 나를 잃었다

今者吾喪我 汝知之乎 汝聞人籟而未聞地籟 汝聞地籟而未聞天籟

夫(〈제물론〉中)

07. 因是已 已而不知其然 謂之道 인시이 이이부지기연 위지도

: 그렇게 할 뿐 그러한 까닭을 알지 못하는 것을 도라고 말한다

唯達者知通爲一 爲是不用而寓諸庸 因是已 已而不知其然 謂之道(〈제

물론〉中)

08. 吾與夫子遊十九年矣 而未嘗知吾兀者也 오여부자유십구년의 이미상지오올자야

: "19년 동안 스승님과 함께 지냈으나 스승님은 아직도 내가 발이 하나임을 모른다네"

申徒嘉 兀者也 而與鄭子産同師於伯昏無人 子産謂申徒嘉曰 我先出則子止 子先出則我止 … 申徒嘉曰 … 人以其全足笑吾不全足者多矣 我怫然而怒 而適先生之所 則廢然而反 不知先生之洗我以善邪 吾與夫子遊十九年矣 而未嘗知吾兀者也(〈덕충부〉中)

09. 未嘗有聞其唱者也 常和人而已矣 미상유문기창자야 상화인이이의

: 자기 의견을 내세우기보다는 타인의 생각을 듣는다

衛有惡人焉 曰哀駘它 丈夫與之處者 思而不能去也 婦人見之 請於父母曰 與爲人妻 寧爲夫子妾者 十數而未止也 未嘗有聞其唱者也 常和人而矣(〈덕충부〉中)

10. 而果其賢乎 丘也請從而後也 이과기현호 구야청종이후야

: "너는 정말 훌륭하다. 네 뒤를 따르겠다"

顔回曰 回益矣 仲尼曰 何謂也 曰回忘禮樂矣 曰可矣 猶未也 … 他日復見曰 回益矣 曰何謂也 曰回坐忘矣 仲尼蹴然曰 何謂坐忘 顔回曰 墮肢體 黜聰明 離形去知 同於大通 此謂坐忘 仲尼曰 同則無好也 化則無常也 而果其賢乎 丘也請從而後也(〈대종사〉中)

11. 四問而四不知 사문이사부지

: 네 번 물었으나 네 번 다 모른다고 답하다

齧缺問於王倪 四問而四不知 齧缺因躍而大喜 行以告蒲衣子(〈응제왕〉中)

12. 日鑿一竅 七日而混沌死 일착일규 칠일이혼돈사

: 하루에 하나씩 구멍을 뚫자 칠 일 만에 혼돈이 죽었다

南海之帝爲儵 北海之帝爲忽 中央之帝爲混沌 儵與忽時相與遇於混沌之地 混沌待之甚善 儵與忽謀報混沌之德曰 人皆有七竅以視聽食息 此獨無有 嘗試鑿之 日鑿一竅 七日而混沌死(〈응제왕〉中)

3장

13. 聖人無名 성인무명

: 성인은 이름을 내세우지 않는다

至人無己 神人無功 聖人無名(〈소요유〉中)

14. 毛嬙西施 人之所美也 魚見之深入 모장서시 인지소미야 어견지심입

: 절세 미녀인 모장과 서시를 본 물고기, 저 물속 깊이 숨다

毛嬙西施 人之所美也 魚見之深入 鳥見之高飛 麋鹿見之決驟 四者孰知天下之正色哉(〈제물론〉中)

15. 吾生也有涯 而知也無涯_{오생야유애 이지야무애}

: 삶에는 끝이 있지만 알아야 할 것에는 끝이 없는 법

吾生也有涯 而知也無涯 以有涯隨無涯 殆已 已而爲知者 殆而已
矣(《양생주》中)

16. 名也者 相軋也 知者也 爭之器也 二者凶器_{명야자 상알야 지자야 쟁지기야}
_{이자흉기}

: 서로를 미워하게 하는 명예와 경쟁하게 만드는 지식은 사람을 위협
하는 두 개의 흉기다

且若亦知夫德之所蕩 而知之所爲出乎哉 德蕩乎名 知出乎爭 名也者
相軋也 知者也 爭之器也 二者凶器(《인간세》中)

17. 不入則止_{불입즉지}

: 받아들여지지 않는다면 그저 그만둘 뿐이다

若能入遊其樊 而無感其名 入則鳴 不入則止 無門無毒 一宅而寓於
不得已 則幾矣(《인간세》中)

18. 無遷令 無勸成_{무천령 무권성}

: 명령은 바꾸려 하지 않고, 일은 억지로 이루려 하지 않는다

言者風波也 行者實喪也 夫風波易以動 實喪易以危 … 故法言曰 無
遷令 無勸成 過度益也 遷令勸成殆事 美成在久 惡成不及改 可不愼
與(《인간세》中)

19. 今一犯人之形 而曰 人耳人耳금일범인지형 이왈 인이인이

　　: 우연히 사람의 모습으로 태어났을 뿐임에도 사람으로 남아 있을 거
　　라고 외친다면

　　今之大冶鑄金 金踊躍曰 我且必爲鏌鋣 大冶必以爲不祥之金 今一犯
　　人之形 而曰 人耳人耳 夫造化者必以爲不祥之人 (〈대종사〉中)

4장

20. 是鳥也 海運則將徙於南冥시조야 해운칙장사어남명

　　: 붕은 바다의 기운이 움직여 물결칠 때 비로소 남쪽 바다를 향해 날
　　아간다

　　北冥有魚 其名爲鯤 鯤之大 不知其幾千里也 化而爲鳥 其名爲鵬 鵬
　　之背 不知其幾千里也 怒而飛 其翼若垂天之雲 是鳥也 海運則將徙
　　於南冥 (〈소요유〉中)

21. 而未知有無之果孰有孰無也이미지유무지과숙유숙무야

　　: 있다고도 하고 없다고도 하는데 도대체 무엇이 있고 무엇이 없는지
　　알지 못하겠다

　　有有也者 有無也者 有未始有無也者 有未始有夫未始有無也者 俄而
　　有無矣 而未知有無之果孰有孰無也 (〈제물론〉中)

22. 凡溢之類妄 妄則其信之也莫 莫則傳言者殃_{범일지류망 망즉기신지야막 막}
즉전언자앙

: 지나치면 거짓이 되고 거짓되면 믿지 못하게 되니 결국 화를 얻는다
凡交近則必相靡以信 交遠則必忠之以言 言必或傳之 夫傳兩喜兩怒
之言 天下之難者也 夫兩喜必多溢美之言 兩怒必多溢惡之言 凡溢之
類妄 妄則其信之也莫 莫則傳言者殃 (〈인간세〉中)

23. 立不敎 坐不議_{립불교 좌불의}

: 서 있을 뿐 가르치지 않고 앉아 있을 뿐 의견을 내세우지 않는다
王駘 兀者也 從之遊者 與夫子中分魯 立不敎 坐不議 虛而往 實而
歸(〈덕충부〉中)

24. 三年不出 爲其妻爨_{삼년불출 위기처찬}

: 삼 년 동안 집 밖으로 나가지 않고 오로지 아내를 위해 밥을 짓다
然後列子自以爲未始學而歸 三年不出 爲其妻爨 食豕如食人 於事無
與親(〈응제왕〉中)

5장

25. 食芻豢 而後悔其泣也_{식추환 이후회기읍야}

: 맛있는 고기를 먹게 되자 울었던 일을 후회하다
麗之姬 艾封人之子也 晉國之始得之也 涕泣沾襟 及其至於王所 與

王同筐牀 食芻豢 而後悔其泣也(〈제물론〉中)

26. 吉祥止止 길상지지

: 멈춰서 머물러 있으니 좋은 일이 생겼다

瞻彼閱者 虛室生白 吉祥止止 夫且不止 是之謂坐馳 夫徇耳目內通

而外於心知 鬼神將來舍 而況人乎 是萬物之化也(〈인간세〉中)

27. 造適不及笑 조적불급소

: 시비를 가리는 건 웃어넘기는 것만 못하다

造適不及笑 獻笑不及排 安排而去化 乃入於寥天一(〈대종사〉中)

28. 不蘄畜乎樊中 불기축호번중

: 아무리 편해도 꿩은 새장에 갇히기를 원치 않는다

澤雉十步一啄 百步一食 不蘄畜乎樊中 神雖王 不善也(〈양생주〉中)

복잡한 마음이 홀가분해지는 시간

오십에 읽는 장자

ⓒ 김범준 2022

1판 1쇄 2022년 4월 28일
1판 13쇄 2023년 1월 27일

지은이 김범준
펴낸이 유경민 노종한
기획편집 유노북스 이현정 류다경 함초원 **유노라이프** 박지혜 장보연 **유노책주** 김세민
기획마케팅 1팀 우현권 **2팀** 정세림 유현재 정혜윤 김승혜
디자인 남다희 홍진기
기획관리 차은영
펴낸곳 유노콘텐츠그룹 주식회사
법인등록번호 110111-8138128
주소 서울시 마포구 월드컵로20길 5, 4층
전화 02-323-7763 **팩스** 02-323-7764 **이메일** info@uknowbooks.com

ISBN 979-11-92300-09-2 (03150)